Revolución artificial: uso y aplicaciones de ChatGPT en el entorno digital. COMM0032

Paula Rosado Jiménez

Revolución artificial: uso y aplicaciones de ChatGPT en el entorno digital. COMM0032
© Paula Rosado Jiménez

1ª Edición

© IC Editorial, 2025

Editado por: IC Editorial
c/ Cueva de Viera, 2, Local 3
Centro Negocios CADI
29200 Antequera (Málaga)
Teléfono: 952 70 60 04
Fax: 952 84 55 03
Correo electrónico: iceditorial@iceditorial.com
Internet: www.iceditorial.com

ISBN: 979-13-7027-050-6
Depósito Legal: MA 1583-2025

Impresión: PODiPrint
Impreso en Andalucía – España

Nota de la editorial: IC Editorial pertenece a Innovación y Cualificación S. L.

Especialidad formativa

Se entiende por especialidad formativa la agrupación de contenidos, competencias profesionales y especificaciones técnicas que responde a un conjunto de actividades de trabajo enmarcadas en una fase del proceso de producción y con funciones afines.

Las especialidades formativas de Uso General, Formación Complementaria, Formación Modular y las especialidades formativas dirigidas a la obtención de certificados de profesionalidad se incluyen en el Fichero de Especialidades del Servicio Público de Empleo Estatal para su gestión en todo el territorio nacional por cualquier Administración competente.

Las especialidades complementarias, pertenecen todas a la Familia profesional de Formación Complementaria (FCO) y tienen la consideración de formación transversal en áreas que se consideran prioritarias tanto en el marco de la Estrategia Europea para el Empleo y del Sistema Nacional de Empleo como en las directrices establecidas por la Unión Europea. Se consideran áreas prioritarias las relativas a tecnologías de la información y la comunicación, la prevención de riesgos laborales, la sensibilización en medio ambiente, la promoción de la igualdad, la orientación profesional y aquellas otras que se establezcan por la Administración competente.

Las especialidades de Certificado de profesionalidad tienen una duración especificada en su normativa reguladora.

En el resultado de la búsqueda, se muestran las unidades de competencia, todos los módulos formativos con su duración y las unidades formativas del certificado correspondiente, con su duración. Las horas del certificado, exclusivo de las especialidades de certificado de profesionalidad, con alta igual o superior a 2008, son las horas totales más las horas del módulo de Prácticas Profesionales no Laborales.

- **Si la especialidad tiene unidades formativas,** las horas totales, presencial, distancia, teleformación serán igual a la suma de esas horas de las unidades formativas de los distintos módulos, sin que se repita ninguna Unidad formativa.

➲ **Si la especialidad no tiene unidades formativas,** las horas totales, presencial, distancia, teleformación serán igual a las sumas de esas horas de los módulos formativos, eliminando las horas de los módulos repetidos.

https://sede.sepe.gob.es/especialidadesformativas/RXBuscadorEFRED/BusquedaEspecialidades.do

(Fuente: Servicio Público de Empleo Estatal)

Índice

Unidad de aprendizaje 4
Recursos adicionales y prácticas

OBJETIVOS GENERALES

Los objetivos generales del **COMM0032. Revolución artificial: uso y aplicaciones de ChatGPT en el entorno digital,** son los siguientes:

- Utilizar ChatGPT comprendiendo su funcionamiento básico y las aplicaciones en el ámbito profesional de esta herramienta de inteligencia artificial.
- Adquirir los conocimientos básicos de utilización de ChatGPT.
- Conocer las funciones principales de ChatGPT aplicado a comercio y *marketing.*
- Valorar las implicaciones éticas del uso de contenidos creados con ChatGPT.
- Aplicar recursos de aprendizaje adicionales que potencien el uso de ChatGPT en diferentes contextos.

Introducción a ChatGPT

Contenido

Objetivos

El objetivo general de esta Unidad de Aprendizaje es:

→ Adquirir los conocimientos básicos de utilización de ChatGPT.

Los objetivos específicos de esta Unidad de Aprendizaje son:

→ Analizar los conceptos clave de la inteligencia artificial y el aprendizaje autónomo, comprendiendo su impacto en la evolución de modelos como ChatGPT.

→ Identificar los hitos históricos que llevaron al desarrollo de GPT-3.5 y su contexto dentro de la evolución de los modelos de lenguaje.

→ Explorar las aplicaciones y casos de uso de ChatGPT, así como las diferentes opciones de acceso disponibles, tanto gratuitas como de pago, para su correcta configuración y utilización.

1. Introducción

La inteligencia artificial forma parte ya del entramado cotidiano en numerosos ámbitos de la sociedad. Su presencia se manifiesta en herramientas que facilitan tareas, optimizan procesos y permiten nuevas formas de interacción entre personas y sistemas digitales. Lejos de tratarse de una tecnología lejana o exclusiva de sectores especializados, la inteligencia artificial ha comenzado a integrarse en actividades tan diversas como la atención al cliente, la educación, la creación de contenidos o la gestión administrativa.

En este contexto, se ha consolidado como una disciplina que combina el análisis de datos, la automatización y la capacidad de aprendizaje autónomo para responder a necesidades concretas. Su evolución ha estado marcada por el desarrollo de modelos capaces de interpretar el lenguaje humano, resolver problemas complejos y adaptarse progresivamente al entorno. La inteligencia artificial no solo redefine la relación entre las personas y la tecnología, sino que abre nuevas posibilidades para mejorar la eficiencia, la creatividad y la toma de decisiones en distintos entornos.

Durante el desarrollo de este curso, seguiremos la historia de Álex, un profesional administrativo que trabaja en una empresa de servicios. Como muchas personas en su campo, su trabajo implica redactar informes, organizar documentos, gestionar correos electrónicos y realizar cálculos básicos en hojas de cálculo. Aunque siempre ha sido eficiente en sus tareas, últimamente siente que podría optimizar su tiempo y mejorar su productividad con la ayuda de nuevas herramientas digitales.

2. Conceptos fundamentales de la inteligencia artificial y el aprendizaje autónomo

 **HILO CONDUCTOR**

Un día, el jefe de Álex menciona que la empresa está explorando el uso de inteligencia artificial para agilizar ciertas tareas y le sugiere que investigue cómo ChatGPT podría ser útil en su trabajo diario. Al principio, Álex no está seguro de por dónde empezar. Ha escuchado hablar sobre la inteligencia artificial, pero nunca ha usado un modelo de lenguaje grande como ChatGPT. Su primer paso será comprender qué es exactamente esta tecnología, cómo funciona y por qué está revolucionando tantos sectores.

La inteligencia artificial (IA), un término que cuenta con décadas de evolución, se ha convertido en un pilar fundamental de la tecnología moderna, influyendo en numerosos aspectos de nuestra vida cotidiana y profesional. Antes de explorar las aplicaciones específicas de tecnologías como ChatGPT, es crucial comprender los conceptos fundamentales de la IA y el aprendizaje autónomo, dado que estos conceptos son las bases sobre las cuales se construyen y operan estas herramientas avanzadas.

2.1. ¿Qué es la inteligencia artificial?

La **inteligencia artificial** (IA) se refiere a sistemas o máquinas que imitan la inteligencia humana para realizar tareas y que pueden iterativamente mejorar a partir de la información que recopilan. Estos sistemas están diseñados para replicar funciones cognitivas humanas como aprender, razonar, resolver problemas, percibir y entender el lenguaje humano en formas significativamente más rápidas y precisas que los humanos.

La IA se puede clasificar generalmente en dos categorías principales:

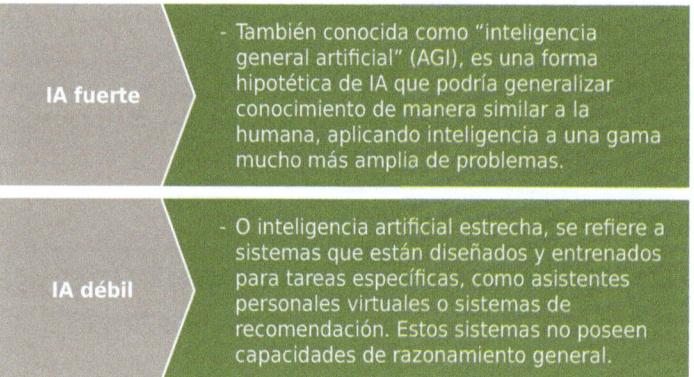

IA fuerte
- También conocida como "inteligencia general artificial" (AGI), es una forma hipotética de IA que podría generalizar conocimiento de manera similar a la humana, aplicando inteligencia a una gama mucho más amplia de problemas.

IA débil
- O inteligencia artificial estrecha, se refiere a sistemas que están diseñados y entrenados para tareas específicas, como asistentes personales virtuales o sistemas de recomendación. Estos sistemas no poseen capacidades de razonamiento general.

 **EJEMPLO**

Un asistente virtual como *Siri* o *Alexa* es un claro ejemplo de IA débil, ya que está diseñado para responder preguntas y ejecutar comandos específicos, pero no tiene conciencia ni comprensión profunda del mundo. En cambio, en la ciencia

Continúa en página siguiente >>

<< Viene de página anterior

ficción, personajes como Data de *Star Trek* o *Jarvis de Iron Man* representan la idea de una IA fuerte, capaz de razonar, aprender de manera autónoma y aplicar su conocimiento a múltiples dominios sin entrenamiento específico.

El aprendizaje autónomo: un subconjunto crucial de la IA

El aprendizaje autónomo, comúnmente conocido como aprendizaje automático o *machine learning,* es una de las técnicas más populares de IA. Permite que los sistemas aprendan de datos, identificando patrones y tomando decisiones con una intervención humana mínima. El aprendizaje autónomo se puede subdividir en varias categorías:

Aprendizaje supervisado
- Aquí el modelo se entrena utilizando un conjunto de datos etiquetado, donde el sistema aprende a predecir el resultado de nuevos datos basados en conocimientos adquiridos de los datos anteriores. Por ejemplo, un modelo entrenado con imágenes de gatos y perros para clasificar correctamente nuevas imágenes en una de estas categorías.

Aprendizaje no supervisado
- A diferencia del aprendizaje supervisado, el modelo trabaja con datos que no están etiquetados. La meta dentro de este enfoque es identificar estructuras subyacentes en los datos. Un ejemplo clásico es encontrar segmentos de clientes dentro de una base de datos para dirigir campañas de *marketing* personalizadas.

Aprendizaje por refuerzo
- Este tipo de algoritmo aprende a tomar decisiones a través de la interacción con un entorno dinámico. Al recibir recompensas o castigos en función de las acciones realizadas, el agente refuerza aquellas decisiones que maximizan la recompensa total. Un ejemplo pertinente es el aprendizaje de juegos, como cuando se enseña a una inteligencia artificial a jugar al ajedrez.

Redes neuronales: los "cerebros" detrás del aprendizaje profundo

El aprendizaje profundo es una ramificación del aprendizaje automático que emplea estructuras conocidas como "redes neuronales artificiales", inspiradas en las redes neuronales biológicas del cerebro humano. Estas redes consisten de **múltiples capas** (de ahí "profundo"), que permiten el procesamiento de datos en formas complejas. Las redes neuronales pueden extraer patrones y características de datos sumamente complejas, permitiendo aplicaciones que van desde el reconocimiento de habla hasta la comprensión de imágenes. Un ejemplo notable en el uso cotidiano es el *software* de reconocimiento facial en dispositivos móviles.

 SABÍAS QUE...

El aprendizaje profundo ha revolucionado áreas como la visión por computadora y el procesamiento del lenguaje natural. Empresas como Google y Tesla utilizan estas tecnologías para el desarrollo de vehículos autónomos, donde las redes neuronales analizan datos en tiempo real para reconocer peatones, señales de tráfico y otros vehículos, tomando decisiones de manera automática.

Esto permite que los estudiantes que deseen explorar más sobre el tema puedan investigar aplicaciones avanzadas del aprendizaje profundo en la vida real.

Procesamiento del lenguaje natural

El **procesamiento del lenguaje natural** (PLN) es una rama de la IA enfocada en permitir a las máquinas comprender, interpretar y responder al lenguaje humano en un modo natural e intuitivo. Las capacidades modernas de PLN permiten a las máquinas no solo entender las palabras, sino también el contexto, la estructura, las intenciones y las emociones del interlocutor humano, siendo capaces de manejar una conversación fluida y adaptarse a nuevas informaciones. Estos sistemas son principalmente los algoritmos utilizados en tecnologías como ChatGPT.

SABÍAS QUE...

El PLN permite que las máquinas no solo interpreten palabras individuales, sino también el contexto y la intención detrás de un mensaje. Gracias a esta tecnología, los asistentes virtuales pueden responder preguntas, traducir textos y generar contenido con una fluidez sorprendente. Sin embargo, aún presentan limitaciones en la interpretación de ironía, sarcasmo o dobles sentidos, lo que sigue siendo un desafío en su desarrollo.

El PLN se logra mediante el uso de modelos lingüísticos avanzados, los cuales procesan texto y voz en sus componentes semánticos, sintácticos y contextuales, para generar una respuesta apropiada. Un ejemplo cotidiano es el uso de chatbots en atención al cliente, los innovadores asistentes digitales como *Alexa* de Amazon o el mismo ChatGPT, que continuamente se enfrentan a la complejidad y ambigüedad del lenguaje humano.

La integración de IA en aplicaciones digitales: ChatGPT

Después de haber abordado los fundamentos de lo que implica la inteligencia artificial y cómo el aprendizaje autónomo se ejecuta sobre estas bases, empezamos a vislumbrar cómo estos conceptos se aplican específicamente en tecnologías como ChatGPT. Como una aplicación práctica de estos fundamentos, ChatGPT utiliza avanzados algoritmos de PLN para interactuar con usuarios a través de conversaciones naturales.

Este sistema sirve como una herramienta altamente eficiente para la generación de texto, atención al cliente, asistencia en la resolución de problemas y más, transformando la forma en que las organizaciones interactúan con sus clientes y empleados. Las capacidades autónomas en aprendizaje han permitido que ChatGPT mejore continuamente en sus respuestas, adaptándose a las nuevas entradas y contextos, imitando competencias humanas de interacción lingüística con gran precisión.

NOTA

ChatGPT ha sido adoptado en múltiples sectores debido a su capacidad para mejorar la eficiencia y automatizar tareas. En el ámbito empresarial, se utiliza para optimizar la atención al cliente, respondiendo preguntas frecuentes de manera instantánea. En el sector educativo, apoya a los estudiantes generando resúmenes, explicaciones y traducciones. Su integración con herramientas como *Microsoft Office* y plataformas de mensajería ha convertido a ChatGPT en una solución clave para la automatización de contenido y la asistencia en tareas diarias.

2.2. Definición de "inteligencia artificial"

Todos hemos escuchado la expresión *inteligencia artificial* (IA) en múltiples contextos: películas, noticias, debates académicos e incluso conversaciones cotidianas. Sin embargo, ¿sabemos realmente qué es la inteligencia artificial? Este apartado tiene por objetivo desentrañar este complejo pero fascinante concepto que yace en el corazón de la transformación digital de nuestra era.

DEFINICIÓN

Inteligencia artificial

Es una rama de la informática que se enfoca en la creación de sistemas capaces de realizar tareas que requieren de la inteligencia humana. Estas tareas pueden variar desde resolver problemas y detectar patrones hasta aprender de la experiencia y comprender el lenguaje natural. En esencia, la IA busca emular aspectos del comportamiento humano, dotando a las máquinas de la habilidad para pensar y actuar de manera autónoma.

La inteligencia artificial se basa en algoritmos complejos que permiten a las máquinas procesar y analizar enormes cantidades de datos. El **aprendizaje automático,** un subcampo de la IA, juega un rol fundamental en esta capacidad. Aquí, se diseñan algoritmos que permiten a las máquinas mejorar su rendimiento en tareas específicas mediante la experiencia, sin intervención humana directa. Un ejemplo diario de esto es cómo los motores de recomendación de plataformas como Netflix o Amazon sugieren contenido o productos basados en el comportamiento previo del usuario.

SABÍAS QUE...

Además del aprendizaje automático y el aprendizaje profundo, la IA se nutre de otras disciplinas y tecnologías que enriquecen su potencial. La visión por computadora, por ejemplo, permite a las máquinas interpretar y comprender imágenes del mundo físico, mientras que el procesamiento del lenguaje natural tiene como objetivo capacitar a las máquinas para entender y reaccionar al lenguaje humano de manera efectiva, permitiendo la creación de sistemas que pueden comunicarse con personas en un idioma natural.

El potencial de la inteligencia artificial va más allá del ámbito técnico y comienza a permear todos los aspectos de la vida diaria y la sociedad. La IA está transformando el mundo empresarial, alterando la medicina, influyendo en la economía y reconfigurando el entretenimiento. Ya sea en el diagnóstico de enfermedades mediante el análisis de imágenes médicas o en la optimización de cadenas de suministro en logística, las aplicaciones de la IA son vastas y diversas.

No obstante, el avance de la inteligencia artificial también plantea desafíos éticos y sociales significativos. A medida que las máquinas se vuelven más autónomas, surge la necesidad de repensar cuestiones como la privacidad de los datos, la seguridad y el futuro del empleo en un mundo automatizado. Estas áreas críticas requieren un enfoque responsable y cuidadoso para asegurar que los beneficios de la IA se extiendan a toda la sociedad sin repercusiones negativas.

*Debemos encontrar un balance entre el ser humano y la inteligencia
artificial.*

 **NOTA**

Es importante resaltar que la idea de la IA no es crear un sustituto del ser
humano, sino más bien un complemento que pueda liberar a las personas de
tareas repetitivas y monótonas, permitiendo que se concentren en trabajos que
requieran empatía, creatividad y habilidades humanas únicas. La coexistencia
entre humanos y máquinas es el verdadero objetivo del desarrollo de la IA,
promoviendo una relación simbiótica donde ambos puedan aprovechar sus
respectivas fortalezas.

En este sentido, sistemas avanzados como ChatGPT ejemplifican cómo la
IA puede usarse de manera práctica para mejorar la comunicación y la interacción humana. Estos sistemas, basados en modelos de lenguaje, son capaces de mantener conversaciones coherentes sobre una amplia variedad
de temas, ayudando a individuos y empresas a optimizar procesos, resolver
problemas y conectar de formas que antes no eran posibles.

2.3. Principios del aprendizaje autónomo

En el contexto de la revolución digital y la irrupción de tecnologías de inteligencia artificial como ChatGPT, el aprendizaje autónomo se erige como
un concepto crucial. Es vital entender cómo se pueden capacitar y aplicar
estas herramientas para maximizar su potencial en el entorno digital. Este
apartado aborda los **principios del aprendizaje autónomo,** explorando

cómo pueden ser aplicados tanto por individuos que buscan mejorar sus habilidades digitales como por las propias máquinas artificiales, dotándolas de la capacidad de aprender de forma independiente y continua.

 **DEFINICIÓN**

Aprendizaje autónomo

El aprendizaje autónomo, desde una perspectiva educativa, es el proceso mediante el cual las personas toman la iniciativa, con o sin la ayuda de otros, en diagnosticar sus necesidades de aprendizaje, formulando objetivos, identificando recursos materiales para el aprendizaje, eligiendo e implementando estrategias apropiadas y evaluando los resultados de su aprendizaje. Para los sistemas de inteligencia artificial, el aprendizaje autónomo implica su capacidad para mejorar su rendimiento a través de la experiencia sin la necesidad de intervención humana. Este aspecto del aprendizaje automático subyace en el funcionamiento efectivo de ChatGPT y su relevancia en el entorno digital actual no puede ser subestimada.

Fundamentos del aprendizaje autónomo

En un entorno cada vez más digitalizado y cambiante, el desarrollo del aprendizaje autónomo se ha convertido en una competencia esencial. Este tipo de aprendizaje no se limita a la adquisición de conocimientos, sino que implica un compromiso activo con el proceso de aprender, permitiendo a la persona tomar el control de su progreso, identificar sus necesidades, establecer metas, aplicar estrategias y evaluar sus resultados.

Herramientas como ChatGPT pueden convertirse en aliadas para fortalecer esta forma de aprendizaje, siempre que se comprendan y se ejerzan sus fundamentos con conciencia crítica y capacidad de autorregulación.

A continuación, se presentan los principales pilares del aprendizaje autónomo:

➲ **Metacognición y autorregulación.** Uno de los pilares del aprendizaje autónomo es la metacognición, que se refiere al conocimiento y control sobre los propios procesos de aprendizaje. Implica la conciencia que tiene un individuo o un sistema sobre su propio conocimiento y la capacidad de monitorear, controlar y planificar su proceso de aprendizaje.

⮁ **Motivación intrínseca.** La motivación intrínseca es el motor que impulsa a un individuo a aprender de forma independiente. Se refiere al deseo de participar en una actividad por el propio placer y satisfacción que proporciona, en lugar de por una recompensa externa.

En el aprendizaje de máquinas, la motivación intrínseca puede manifestarse mediante algoritmos que recompensan a la IA por encontrar soluciones eficientes a problemas, promoviendo así la mejora y el perfeccionamiento continuo.

⮁ **Aprendizaje experiencial.** El aprendizaje experiencial se basa en el principio de que el aprendizaje más efectivo ocurre a través de la práctica y la aplicación del conocimiento en contextos prácticos. Este enfoque implica una interpretación activa de las experiencias, donde el conocimiento se construye y reconstruye de manera continua.

En el ámbito digital, aplicaciones de ChatGPT permiten a los usuarios involucrarse en simulaciones de diálogo, explorando diversos contextos sociales y profesionales para perfeccionar habilidades de comunicación.

⮁ **Flexibilidad y adaptabilidad.** El mundo actual exige flexibilidad y adaptabilidad. El aprendizaje autónomo promueve la habilidad de adaptarse rápidamente a los cambios y adoptar nuevos métodos o tecnologías sin dificultades significativas. En términos de IA, las redes neuronales utilizadas en GPT son modeladas para adaptarse y procesar información nueva eficientemente, mejorando su capacidad para enfrentar diversas tareas.

⮁ **Evaluación continua.** La evaluación continua del progreso es esencial para el aprendizaje autónomo. Incluye la capacidad de reflexionar sobre lo aprendido, identificar errores y ajustar las estrategias en consecuencia. Este principio de autoevaluación no solo involucra a los aprendices humanos, sino también a las inteligencias artificiales, que analizan su rendimiento para optimizar los procesos.

👁 EJEMPLO

Al utilizar ChatGPT para desarrollar habilidades en procesamiento de texto, un usuario puede aplicar técnicas metacognitivas al identificar áreas específicas de mejora, como aumentar la riqueza del vocabulario y luego solicitar activamente ejemplos o definiciones que proporcionen mayor comprensión sobre el tema.

Aplicación de principios de aprendizaje autónomo en ChatGPT

ChatGPT, un producto de inteligencia artificial basado en la arquitectura de modelos generativos preentrenados, ejemplifica cómo se puede implementar el aprendizaje autónomo en una plataforma digital.

Para comprender cómo ChatGPT aprende y mejora sus respuestas, es necesario conocer algunos de los mecanismos fundamentales que lo sustentan. Estos principios, estrechamente vinculados al aprendizaje autónomo, explican cómo el modelo puede adaptarse, generalizar conocimientos y ofrecer interacciones cada vez más precisas y útiles.

A continuación, se presenta un esquema con tres conceptos clave que permiten entender cómo funciona el aprendizaje en modelos como ChatGPT:

Procesamiento de lenguaje natural (PLN)

El procesamiento de lenguaje natural es una faceta de la inteligencia artificial que permite a ChatGPT comprender e interactuar de manera efectiva con humanos. Incorporando principios de aprendizaje autónomo, el sistema puede adaptarse y aprender nuevos patrones de lenguaje y contexto mediante la exposición constante a diferentes formas de diálogo y contenido.

Reinforcement learning o aprendizaje por refuerzo

Mediante el uso de algoritmos de aprendizaje por refuerzo, ChatGPT puede refinar sus respuestas a través de una retroalimentación dinámica. Esta técnica emula un proceso de aprendizaje autónomo en el que la IA mejora al recibir recompensas o penalizaciones en función de la calidad de sus respuestas.

Aprendizaje por transferencia

El aprendizaje por transferencia permite que el conocimiento adquirido por ChatGPT en una tarea particular sea utilizado para mejorar el rendimiento en otras tareas relacionadas. Esto es característico del aprendizaje autónomo, apreciable cuando la IA es capaz de aplicar conceptos aprendidos en un campo (como la corrección gramatical) a otro campo (como la generación de narrativas).

Para los usuarios, comprender y aplicar los principios del aprendizaje autónomo puede incrementar significativamente la eficacia del trabajo con ChatGPT. A continuación se presentan algunos enfoques:

Establecimiento de metas
- Fomentar un aprendizaje significativo mediante el establecimiento de metas específicas, medibles, alcanzables, realistas y temporales (SMART por sus siglas en inglés). ChatGPT puede ayudar en esto proporcionando asistencia para formular objetivos claros de aprendizaje.

Curiosidad e investigación
- Incentivar un enfoque proactivo hacia la información, utilizando ChatGPT no solo como herramienta de respuesta inmediata, sino exploratoria, para promover la constante investigación y comprensión profunda de nuevas áreas de interés.

Práctica deliberada
- La práctica deliberada se enfoca en actividades estratégicas dirigidas a mejorar el rendimiento. Al interactuar con ChatGPT, los usuarios pueden crear ejercicios específicos que se alineen con sus objetivos de aprendizaje, como simulaciones de entrevista o prácticas de debate.

En un entorno digital cada vez más evolucionado, el aprendizaje autónomo posibilita tanto a individuos como a sistemas de inteligencia artificial como ChatGPT alcanzar un nivel de competencia superior. Al integrar los principios de la autorregulación, motivación intrínseca, aprendizaje experiencial, flexibilidad y evaluación continua, se abre un abanico de posibilidades que permiten afrontar de manera efectiva los desafíos del futuro digital. El aprovechamiento de estas habilidades promueve un ecosistema en donde aprendizaje humano y tecnológico se retroalimentan, preparando así el camino hacia una revolución verdaderamente innovadora y responsable.

 **APLICACIÓN PRÁCTICA**

Andrea es estudiante de Administración de Empresas y quiere mejorar sus habilidades en la redacción de informes. Ha decidido utilizar

Continúa en página siguiente >>

<< Viene de página anterior

ChatGPT como herramienta de apoyo para desarrollar su aprendizaje autónomo. Para que su estudio sea más efectivo, ha identificado varias estrategias que puede aplicar en su proceso de aprendizaje. ¿Cuáles estrategias están alineadas con el aprendizaje autónomo y ayudarían a Andrea a mejorar sus habilidades utilizando ChatGPT?

Solución

Se trata de las siguientes estrategias:

- Establecer objetivos específicos de aprendizaje, como mejorar la redacción de introducciones y conclusiones, asegurando que sean claros y medibles. El aprendizaje autónomo requiere estrategias estructuradas que permitan un progreso efectivo. Establecer metas claras y medibles ayuda a orientar el aprendizaje y evaluar avances.
- Crear ejercicios personalizados con ChatGPT, como simulaciones de redacción de informes y correcciones interactivas, para mejorar progresivamente. La práctica deliberada con ChatGPT, como la generación de ejercicios personalizados, permite mejorar habilidades de forma progresiva.
- Fomentar la curiosidad e investigación, explorando distintos estilos de escritura y buscando información complementaria a las respuestas de ChatGPT. El fomento de la investigación y la exploración de nuevos conocimientos evitan depender exclusivamente de respuestas automáticas y promueve un aprendizaje más profundo.

Por el contrario, usar ChatGPT solo para obtener respuestas sin análisis crítico no fomenta el desarrollo del aprendizaje autónomo.

---

3. Descripción de los hitos históricos y contexto de GPT-3.5

 HILO CONDUCTOR

Álex continúa explorando la inteligencia artificial y ahora debe comprender cómo han evolucionado los modelos de lenguaje hasta llegar a herramientas

Continúa en página siguiente >>

<< Viene de página anterior

como ChatGPT. Su jefe le ha pedido que investigue los avances en este campo para aprovechar mejor estas tecnologías en la empresa.

A medida que avanza, descubre que los primeros sistemas eran modelos basados en reglas y estadísticas, con limitaciones para interpretar el lenguaje humano. Sin embargo, estas primeras aproximaciones sentaron las bases para el desarrollo de modelos cada vez más sofisticados.

En la era de la inteligencia artificial, la evolución constante de los modelos generativos previos (GP) ha sido fundamental para impulsar la capacidad de las máquinas de comprender y generar lenguaje humano de forma cada vez más precisa. Esta evolución es esencial para entender cómo hemos llegado a las capacidades actuales de herramientas como ChatGPT y más allá. Este apartado explorará los hitos más relevantes en el desarrollo de estos modelos, las innovaciones técnicas que han permitido sus avances y sus aplicaciones de vanguardia.

3.1. Los primeros pasos: de los modelos estadísticos a los sistemas basados en reglas

La evolución de los modelos de lenguaje comenzó hace varias décadas, con sistemas simples que se basaban en reglas y datos estadísticos. En los inicios, los modelos estadísticos clasificaban palabras y frases según sus probabilidades de aparición en distintos contextos. Estos modelos eran limitados, ya que requerían extensas bases de datos y difícilmente podían captar el matiz y la variación en el lenguaje humano.

Estos sistemas en gran parte se basaban en el reconocimiento de patrones a un nivel muy básico, con escasa capacidad para ofrecer respuestas con contextualidad o creatividad. Sin embargo, se establecieron las primeras bases, cruciales para etapas posteriores.

3.2. Introducción del procesamiento del lenguaje natural

A medida que la computación avanzó, se desarrollaron enfoques de procesamiento del lenguaje natural (PLN) más sofisticados, que intentaron comprender y procesar lenguaje humano de manera más cercana a como un humano lo haría. Este movimiento marcó el paso de sistemas principalmente basados en reglas a modelos que intentaban emular la estructura y riqueza del diálogo humano, tal y como se muestra en su evolución histórica:

- **Auge del aprendizaje profundo.** Con el advenimiento de redes neuronales profundas, un punto de inflexión importante fue el desarrollo del aprendizaje profundo. Este enfoque revolucionó cómo los modelos de lenguaje podían procesar información, permitiendo la construcción de representaciones mucho más complejas y ricas del lenguaje.
- **Representaciones de palabras: *Word2Vec* y *embeddings*.** Los siguientes avances significativos incluyeron modelos como *Word2Vec*, desarrollado por Google, que introduciría el concepto de *"embedding de palabras"*. Mediante estos *embeddings*, las palabras podían representarse en un espacio de múltiples dimensiones, donde la proximidad semántica se traducía en geometría matemática. Esto permitió representar palabras con contextos ricos y multifacéticos de una manera que las aproximaciones anteriores no lograban.
- **Transformadores y el modelo *Attention*.** El modelo *Transformer*, presentado por *Vaswani et al.* en 2017, marcó un nuevo paradigma en el desarrollo de modelos de lenguaje. Con su arquitectura basada en mecanismos de atención, permitía comprender y recordar elementos contextuales en largas secuencias de texto. Esta fórmula resultó ser significativamente más eficaz que las redes neuronales recurrentes que lo precedieron.
  El concepto de "atención" fue fundamental: establecía la capacidad del modelo para dar más importancia a ciertos elementos de una oración durante el proceso de generación de texto. Esto lo transformó en un modelo muy poderoso para tareas donde la comprensión del contexto global de un fragmento es esencial.
- **Surge el BERT y modelos de código abierto.** BERT de Google, lanzado poco después, permitió avanzar en tareas de PLN mediante su preentrenamiento en dos direcciones, ayudando a mejorar la comprensión contextual del texto. BERT permitió a los modelos obtener una mejor comprensión del sentido de las frases, enriqueciendo su efectividad en tareas complejas de interpretación lingüística.
- **GPT: hacia la autonomía en texto generativo.** Basado en transformadores y modelos antes mencionados, se desarrolló la serie de modelos GPT por OpenAI. GPT-1 presentó capacidades prometedoras, que se refinarían y amplificarían con el GPT-2 y, posteriormente, el más conocido GPT-3. Cada iteración presentó mejoras significativas en la capacidad del modelo para generar de manera autónoma texto humano creíble y coherente.

GPT radicalizó el abordaje hacia modelos capaces de autocompletar o crear textos a partir de una entrada mínima, mostrando un salto cualitativo en términos de autonomía y creatividad. Estos modelos se entrenaban con una monumental cantidad de texto disponible públicamente, permitiendo una comprensión más cercana al sentido común humano.

3.3. Persistiendo en la creatividad: GPT-3 y sus avances

GPT-3 es considerado uno de los mayores logros en inteligencia artificial lingüística hasta la fecha. Con 175.000 millones de parámetros, tiene la capacidad de no solo responder preguntas o seguir instrucciones, sino también generar contenido detallado, otorgando respuestas complejas y reflexivas que se acercan a las producidas por humanos.

Este modelo difumina las fronteras entre humano y máquina en términos de creatividad y producción de texto, abriendo un sinfín de posibilidades en industrias tan variadas como educación, *marketing,* entretenimiento y atención al cliente, entre otras.

 **NOTA**

Desde la llegada de GPT-3, la evolución de los modelos generativos no se ha detenido. Con GPT-3.5, se introdujeron mejoras en eficiencia y precisión, optimizando la coherencia en las respuestas y reduciendo errores. Posteriormente, GPT-4 llevó la inteligencia artificial un paso más allá, aumentando la capacidad de comprensión y razonamiento, mejorando el manejo del contexto y reduciendo sesgos en sus respuestas.

El desarrollo más reciente es GPT-4o, que no solo perfecciona la generación de texto, sino que también integra capacidades avanzadas en procesamiento multimodal, permitiendo analizar imágenes y audios con una fluidez sin precedentes. Este modelo representa un hito en la interacción humano-máquina, logrando respuestas más naturales, rápidas y con una mejor adaptación al contexto conversacional.

Estos avances han abierto nuevas posibilidades en aplicaciones como traducción en tiempo real, generación de código, personalización de contenido y automatización de tareas, consolidando a la inteligencia artificial como una herramienta indispensable en el ámbito profesional y cotidiano.

3.4. Un futuro híbrido: combinación humano-máquina

La evolución de los modelos GP no se detiene en la simple generación de lenguaje. Las aplicaciones prácticas de estos modelos en sistemas de inteligencia artificial implican un trabajo conjunto donde la creatividad humana y la eficiencia mecánica se entrelazan para maximizar resultados. En el futuro cercano, se espera que estos modelos no solo sean asistentes efectivos, sino que también participen activamente en la resolución de problemas complejos junto a los humanos. Así, poco a poco estos modelos se van integrando en diferentes esferas del ámbito profesional.

Interacción con el entorno profesional	Nuevos roles y competencias
- Cada vez más sectores incorporan sistemas de IA como herramientas de apoyo en la toma de decisiones, análisis de datos o generación de contenido. Sin embargo, estos sistemas no reemplazan el juicio crítico humano, sino que lo complementan. Profesionales de áreas tan diversas como la medicina, la educación o el diseño creativo trabajan ya con modelos como ChatGPT para reducir tiempos, detectar patrones o proponer soluciones, reservando para el ser humano el control ético y el criterio interpretativo final.	- La combinación de capacidades humanas y artificiales está dando lugar a nuevos perfiles profesionales y formas de colaboración. En este escenario híbrido, cobra especial relevancia la capacidad de interactuar eficazmente con herramientas como ChatGPT, comprendiendo sus posibilidades y limitaciones. No se trata solo de saber utilizar la tecnología, sino de aprender a integrarla en procesos humanos con sentido crítico y capacidad de adaptación, habilidades que serán esenciales en los entornos laborales del futuro.

 TAREA 1

Clara trabaja como responsable de formación en una empresa de consultoría. Su equipo está explorando nuevas formas de automatizar tareas repetitivas y mejorar el aprendizaje continuo de los empleados. En una reunión, le mencionan ChatGPT como herramienta potencial para estas metas. Aunque ha oído hablar del modelo, no tiene claro cómo funciona ni qué fundamentos lo sostienen. Decide investigar sobre la inteligencia artificial y el aprendizaje autónomo para entender cómo es posible que una herramienta digital sea capaz de mantener

Continúa en página siguiente >>

<< Viene de página anterior

una conversación coherente, adaptarse al contexto y aprender progresivamente. Su objetivo es presentar una propuesta sobre el uso responsable y eficaz de ChatGPT en el ámbito de la formación profesional.

1. ¿Qué relación existe entre el concepto de aprendizaje autónomo y la capacidad de ChatGPT para mejorar sus respuestas con el tiempo?
2. ¿Qué elementos clave de la inteligencia artificial están presentes en el funcionamiento de ChatGPT?
3. ¿De qué manera el conocimiento de estos conceptos ayuda a utilizar ChatGPT de forma más eficaz y crítica en el entorno profesional?

Justifica tu respuesta.

---

4. Explicación de aplicaciones y casos de uso de ChatGPT

👉 HILO CONDUCTOR

Álex, tras haber comprendido la evolución de los modelos de lenguaje y su impacto en la inteligencia artificial, comienza a preguntarse cómo puede aplicar estas herramientas en su vida diaria y en su entorno laboral. Hasta ahora, ha explorado los fundamentos de la IA y su desarrollo a lo largo del tiempo, pero ahora necesita respuestas más concretas: ¿cómo se usa ChatGPT en el mundo real?

Con esta inquietud en mente, decide investigar en qué sectores se está utilizando ChatGPT y cómo ha transformado tareas tradicionales. Descubre que no solo se emplea en la automatización de procesos administrativos, sino también en atención al cliente, generación de contenido, programación y educación. Intrigado, empieza a probarlo en su propio trabajo, utilizándolo para redactar informes, resumir documentos y agilizar la comunicación interna.

Con la creciente evolución de los modelos de lenguaje GPT, ChatGPT ha emergido como una herramienta transformadora en múltiples campos de la sociedad moderna. Sus capacidades no solo han alterado la manera en que interactuamos con la tecnología, sino que han abierto un abanico de posibilidades en diversos sectores.

A continuación detallaremos las aplicaciones prácticas y casos de uso en los que ChatGPT ha demostrado ser no solo eficaz, sino revolucionario, explorando cómo estas aplicaciones están remodelando tanto las industrias como las experiencias personales.

4.1. Aplicaciones en el sector educativo

ChatGPT ha desempeñado un papel crucial en la revolución del aprendizaje y la enseñanza. Su capacidad para comprender y generar texto coherente permite la creación de asistentes virtuales personalizados que apoyan a los estudiantes de diversas maneras. Por ejemplo, los estudiantes pueden interactuar con chatbots impulsados por GPT para recibir explicaciones extendidas de conceptos complejos, realizar consultas sobre temas específicos o incluso recibir retroalimentación sobre sus trabajos escritos. Estos asistentes virtuales ofrecen respuestas inmediatas y están disponibles las 24 h, eliminando así las limitaciones de tiempo y lugar comunes en el aprendizaje tradicional.

Otra aplicación interesante se encuentra en la tutoría personalizada. Un chatbot orientado a la educación puede adaptar sus respuestas en función del nivel de comprensión del usuario, ofreciendo así un aprendizaje adaptativo que se ajusta al ritmo personal de cada estudiante. Este enfoque facilita una enseñanza más inclusiva y eficaz, cubriendo incluso la necesidad de atención personalizada a estudiantes con dificultades específicas.

La interacción entre alumnos y profesores se verá reforzada con la ayuda de la inteligencia artificial.

Gracias a su versatilidad y capacidad para procesar información de manera eficiente y en tiempo real, ChatGPT ofrece múltiples aplicaciones que impactan positivamente en los procesos de enseñanza y aprendizaje. Por ejemplo:

- **Tutoría personalizada.** ChatGPT tiene la capacidad de actuar como un tutor virtual que se adapta al ritmo y estilo de aprendizaje de cada estudiante. A través de interacciones individuales, el modelo puede proveer explicaciones adicionales sobre temas complejos, responder dudas puntuales y ofrecer retroalimentación personalizada. Por ejemplo, un estudiante de matemáticas que enfrenta dificultades con ecuaciones cuadráticas puede recibir guías paso a paso para entender y solucionar problemas específicos.

   Además, ChatGPT puede recomendar recursos adicionales, como videos educativos, artículos o ejercicios, basados en el rendimiento y las necesidades de cada alumno, optimizando así su experiencia de aprendizaje y ayudando a cerrar brechas de conocimiento.

- **Creación de contenidos educativos.** La herramienta puede asistir a los educadores en la creación de materiales didácticos. Profesores de diversas áreas pueden utilizar ChatGPT para generar preguntas de opción múltiple, guiones para lecciones o incluso actividades interactivas. Al delegar tareas repetitivas o mecanizadas a esta IA, los docentes pueden enfocarse en tareas más creativas y personalizadas, dedicando más tiempo a planificar estrategias pedagógicas efectivas.

   Por ejemplo, un profesor de historia pudiera usar ChatGPT para generar cronologías históricas detalladas o construir narrativas sobre eventos significativos de manera accesible para estudiantes de diferentes niveles.

- **Evaluación y retroalimentación.** La evaluación continua y efectiva es crucial para el aprendizaje. ChatGPT puede facilitar la creación de mecanismos de evaluación automatizados, como cuestionarios de autoevaluación, donde los estudiantes reciben retroalimentación instantánea acerca de sus respuestas. Esta inmediatez de retroalimentación permite a los estudiantes corregir errores y reflexionar sobre su comprensión en tiempo real.

   Asimismo, puede funcionar como una herramienta para proporcionar a los profesores un análisis detallado del desempeño del estudiante, identificando patrones, áreas de mejora y sugiriendo intervenciones personalizadas.

- **Apoyo en la educación inclusiva.** ChatGPT puede contribuir significativamente a la educación inclusiva, ofreciendo soporte a estudiantes con discapacidades o necesidades educativas especiales. Por ejemplo, los estudiantes con dificultades de aprendizaje pueden beneficiarse de un asistente digital que les repita las explicaciones en términos más simples, mientras que estudiantes con discapacidades visuales podrían utilizar aplicaciones basadas en voz para interactuar con la información. Además, el uso de múltiples idiomas es una ventaja notable de ChatGPT. En aulas que albergan estudiantes de origen diverso, esta IA puede facilitar la comprensión, al traducir lecciones y materiales en tiempo real, asegurando que todos los alumnos reciban la misma calidad de enseñanza.

 IMPORTANTE

Si bien ChatGPT ofrece valiosas oportunidades en el ámbito educativo, es fundamental considerar las implicaciones éticas de su uso. La privacidad de los datos de los estudiantes, el acceso equitativo a la tecnología y el riesgo de dependencia excesiva son aspectos que deben ser cuidadosamente gestionados.

Los estudiantes y educadores deben ser conscientes de las limitaciones de la herramienta; aunque es un recurso potente de información, no debe sustituir al pensamiento crítico o la consulta de fuentes académicas confiables.

Además, la integración de IA en la educación plantea la cuestión del papel cambiante del docente. Más que reemplazar a los maestros, la tecnología debe ser vista en términos de colaboración, donde el papel del educador evoluciona para integrar y mediar entre el entorno digital y el estudiante.

Numerosas instituciones educativas alrededor del mundo han comenzado a implementar ChatGPT en sus programas piloto con resultados positivos. Por ejemplo, un experimento en una universidad en Finlandia utilizó ChatGPT para asistir a estudiantes en sus tareas de investigación. El *feedback* recibido destacaba una mayor motivación y compromiso de los estudiantes con su trabajo, así como una mejora cualitativa en la redacción de informes y ensayos investigativos.

4.2. ChatGPT en atención médica

Aunque la implementación de IA en la atención médica debe manejarse con precaución, dadas las regulaciones estrictas y las consideraciones éticas, ChatGPT ya ha comenzado a mostrar su potencial para mejorar ciertos aspectos del cuidado de la salud. En la telemedicina, por ejemplo, los chatbots pueden filtrar los síntomas de los pacientes y ofrecer orientación preliminar o ayudar en la preparación para una consulta médica, mejorando la eficiencia del proceso.

Además, al ser una herramienta de IA sofisticada, puede ayudar a los profesionales de la salud a manejar grandes volúmenes de literatura médica, destilando la información más relevante y reciente de estudios y ayudando así en el diagnóstico y tratamiento basado en evidencia actualizada. Esta capacidad para resumir y correlacionar información puede convertirse en una herramienta valiosa en el apoyo a decisiones clínicas.

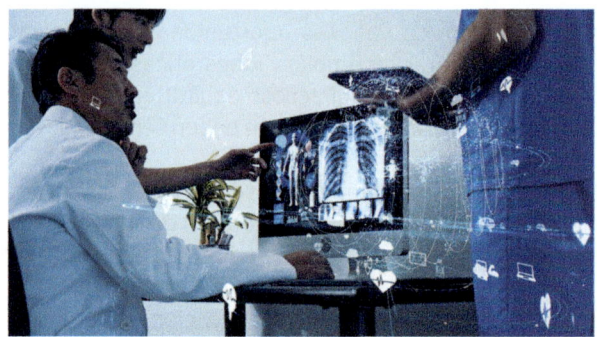

La IA asistirá a los médicos en la búsqueda de diagnóstico.

4.3. Aplicaciones en la industria bancaria y financiera

El sector bancario y financiero también se ha beneficiado considerablemente de las aplicaciones de ChatGPT. Los bancos y otras instituciones financieras utilizan chatbots para mejorar la experiencia del cliente, abordar consultas comunes sobre productos y servicios y agilizar operaciones rutinarias como transferencias de dinero o consultas de saldo. Esta tecnología ayuda a optimizar los recursos humanos necesarios para servicio al cliente, permitiendo que los agentes se concentren en problemas más complejos que requieren intervención humana.

Además de la interacción con el cliente, ChatGPT también se está utilizando en análisis de datos financieros: su capacidad para textos puede ayudar en la creación de informes o resúmenes ejecutivos de tendencias de mercado que son críticos para la toma de decisiones estratégicas.

4.4. Uso en publicidad y *marketing*

Dentro de la industria del *marketing*, ChatGPT se utiliza para desarrollar campañas más efectivas e incrementar el *engagement* del consumidor. Gracias a su habilidad para analizar el lenguaje y generar texto persuasivo, ayuda a los gestores de *marketing* a crear mensajes más atractivos y personalizados para diferentes segmentos de su audiencia. La automatización de este proceso no solo ahorra tiempo, sino que también asegura una mayor coherencia en los mensajes de marca.

 EJEMPLO

Una campaña de correo electrónico personalizada generada por ChatGPT puede dirigirse a clientes individuales con ofertas específicas adaptadas a sus preferencias de compra anteriores. Esta personalización aumenta las tasas de conversión y lealtad del cliente.

4.5. Aplicaciones en investigación y desarrollo

En el ámbito de la investigación y el desarrollo, ChatGPT está cambiando la manera en que abordamos grandes volúmenes de información. La capacidad de este modelo para realizar búsquedas contextuales en bases de datos y resúmenes detallados ha permitido a investigadores y científicos centrarse más en el análisis y la innovación en lugar de invertir tiempo en la organización de la información.

Además, ChatGPT se utiliza para ayudar en la redacción de propuestas de investigación y elaboración de artículos científicos, proporcionando borradores que los investigadores pueden revisar y refinar. Una tarea que consume menos tiempo y, por lo tanto, permite que más recursos se orienten al proceso creativo y analítico de la investigación.

👁 EJEMPLO

En el sector editorial, se emplea ChatGPT para generar borradores iniciales de libros sobre temas de ciencia popular. Esta herramienta permitió a los autores disponer de más tiempo para la investigación y revisión editorial, lo que resultó en publicaciones de alta calidad en menos tiempo del que normalmente tomaría.

4.6. Aplicaciones en servicio al cliente

El servicio al cliente representa uno de los campos más dinámicos donde ChatGPT ha dejado una marca significativa. Las empresas han comenzado a utilizar chatbots impulsados por GPT para gestionar y optimizar la comunicación con sus clientes. Lo que diferencia a estos chatbots de las versiones anteriores es la capacidad de entablar conversaciones naturales y fluidas, generando una experiencia de usuario que se aproxima mucho más a la interacción humana real.

Estos sistemas pueden manejar consultas básicas, realizar tareas frecuentes como el restablecimiento de contraseñas e incluso escalar problemas más complejos a agentes humanos cuando es necesario. Al hacerlo, reducen significativamente los tiempos de espera para los clientes y liberan tiempo para que los agentes humanos lidien con tareas más complejas.

Tradicionalmente, el servicio al cliente dependía de la interacción humana, ya sea de manera presencial, telefónica o por correo electrónico. Sin embargo, el aumento en las expectativas de los consumidores, la necesidad de respuestas más rápidas y la globalización han impulsado a las empresas a adoptar tecnologías avanzadas. Las herramientas basadas en inteligencia artificial, como ChatGPT, ofrecen a las empresas la capacidad de manejar volúmenes masivos de consultas con rapidez y eficiencia, mitigando las limitaciones humanas y aliviando las cargas operativas.

A continuación, se presentan las principales **ventajas** de integrar esta herramienta en los sistemas de atención al cliente de una organización:

Escalabilidad
- Para una empresa en expansión, escalar el servicio al cliente puede ser un desafío logístico y económico. ChatGPT puede manejar una gran cantidad de interacciones simultáneas sin una disminución en la calidad del servicio, lo que resulta en una solución escalable que se adapta fácilmente a las necesidades de crecimiento de una organización.

Respuestas rápidas y precisas
- ChatGPT puede procesar consultas en cuestión de milisegundos, ofreciendo respuestas instantáneas. Con el entrenamiento adecuado y el acceso a bases de datos relevantes, proporciona respuestas precisas a preguntas frecuentes y puede incluso aprender de nuevas consultas para mejorar continuamente su eficiencia. Esta rapidez en el servicio le otorga una ventaja competitiva a las empresas que deseen optimizar la atención al cliente.

Reducción de costes
- Implementar ChatGPT puede contribuir significativamente a la reducción de costos operativos. Al manejar consultas repetitivas y simples, libera a los empleados humanos para concentrarse en cuestiones más complejas que requieren el toque personal y la toma de decisiones que una máquina no puede replicar por completo. Esto no solo optimiza el uso de recursos, sino que también disminuye la necesidad de contratar y formar grandes equipos de atención al cliente.

Personalización de la experiencia del cliente
- Gracias a su capacidad de aprendizaje automatizado, ChatGPT puede personalizar la interacción con los clientes en función de sus historiales de datos y preferencias. Ofrecer un servicio personalizado contribuye a la lealtad a la marca, ya que los clientes sienten que sus necesidades son entendidas y atendidas adecuadamente.

Disponibilidad 24/7
- Una de las ventajas más evidentes de implementar ChatGPT en el servicio al cliente es su capacidad para operar sin interrupciones. Las empresas no siempre pueden justificar el costo de establecer un equipo de atención al cliente que opere las 24 h del día, los 7 días de la semana, pero, al utilizar un asistente impulsado por inteligencia artificial, los clientes pueden obtener asistencia inmediata a cualquier hora. Esto aumenta la satisfacción del cliente y reduce los tiempos de espera, eliminando una de las fuentes más comunes de frustración.

👁 EJEMPLO

Algunas implementaciones prácticas de ChatGPT en servicio al cliente son:

- Asistentes virtuales y chatbots. Los chatbots son la aplicación más directa de ChatGPT en el servicio al cliente. Implementados en sitios web, aplicaciones móviles y plataformas de mensajería, los chatbots pueden manejar consultas simples y proporcionar información general. Al comenzar una conversación con un cliente, pueden determinar si pueden resolver el problema directamente o si es necesario escalar a un representante humano.
- Centros de llamadas virtuales. Los centros de llamadas virtuales impulsados por ChatGPT pueden asistir en el manejo de llamadas entrantes, ofreciendo servicios que van desde recordar a los clientes sus citas hasta resolver problemas básicos relacionados con productos y servicios. Esta implementación disminuye la carga en los operadores humanos y mejora la eficiencia general del centro de llamadas.
- Servicio posventa y soporte técnico. Para muchas empresas, el servicio posventa y el soporte técnico constituyen una parte crítica de la satisfacción del cliente. ChatGPT puede asistir en estas áreas proporcionando guías paso a paso para resolver problemas comunes, identificar soluciones para problemas técnicos y, en algunos casos, realizar diagnósticos tempranos para prevenir inconvenientes mayores.

4.7. Integración en plataformas de comunicación

A medida que avanzamos en el siglo xxi, el paisaje digital se transforma constantemente, y una de las herramientas que ha emergido con fuerza en este contexto es ChatGPT. Su capacidad para simular conversaciones humanas no solo ha revolucionado prácticas educativas y de aprendizaje, como hemos explorado previamente, sino que también está desempeñando un papel crucial en la evolución de las plataformas de comunicación, tanto a nivel personal como empresarial.

A continuación, se detallan las principales formas en las que ChatGPT se integra en plataformas de comunicación, así como las ventajas que esta integración aporta en términos de accesibilidad, eficiencia y personalización:

➲ **Evolución de las plataformas de comunicación:**

    ʊ Las plataformas de comunicación han experimentado cambios significativos desde sus inicios en simples sistemas de mensajería hasta la integración de inteligencia artificial (IA) avanzada. Hoy, las plataformas de comunicación no son meras herramientas de intercambio de mensajes, sino que se han convertido en ecosistemas complejos que facilitan interacciones personales, sociales y laborales de manera eficiente y personalizada. La integración de ChatGPT en estas plataformas es un paso natural en esta evolución, proporcionando una experiencia de usuario más rica y funcional.

U ChatGPT, con su habilidad para procesar el lenguaje natural y generar contenido coherente y relevante, puede integrarse en plataformas de comunicación de diversas formas. Una de las formas más comunes es a través de chatbots implementados en aplicaciones de mensajería como *WhatsApp, Facebook Messenger, Telegram* y *Slack.* Estos chatbots pueden responder preguntas, ofrecer soporte al cliente, proporcionar información sobre productos o incluso llevar a cabo transacciones. Al hacerlo, no solo mejoran la eficiencia del servicio, sino que también liberan tiempo para que los humanos realicen tareas más complejas.

⊃ **Superando barreras de idioma:**

U Una de las características destacadas de ChatGPT es su capacidad para funcionar como un traductor universal, lo que es especialmente valioso en entornos de comunicación globalizados. Al integrarse en plataformas que conectan a personas de diferentes orígenes lingüísticos, ChatGPT puede traducir conversaciones en tiempo real, facilitando una comunicación sin barreras y permitiendo la colaboración internacional sin las dificultades del idioma. Esto es particularmente útil en contextos de negocios, donde las sinergias multinacionales son comunes y donde la claridad de la comunicación puede determinar el éxito de las negociaciones.

⊃ **Potenciador de la experiencia del usuario:**

U En plataformas de redes sociales, donde la experiencia del usuario es clave, ChatGPT ofrece funciones de interacción mejoradas, como la personalización de contenido en tiempo real, las recomendaciones de conexiones y la optimización de interacciones en línea. Los usuarios pueden disfrutar de experiencias personalizadas y coherentes, lo que aumenta la satisfacción y el compromiso.

U Por ejemplo, *X* y otras plataformas pueden utilizar ChatGPT para analizar tendencias y sugerir contenido relevante para cada usuario.

⮑ **Entorno de desarrollo y personalización:**

- ☉ Otro aspecto importante de la integración de ChatGPT en plataformas de comunicación es su adaptabilidad. Los desarrolladores pueden personalizar la IA para cumplir con los requisitos específicos de cada plataforma o industria. Esto permite a las empresas y los individuos diseñar soluciones de comunicación que se alinean perfectamente con sus necesidades y objetivos únicos.
- ☉ Además, con el apoyo de API (interfaces de programación de aplicaciones), ChatGPT facilita una integración fluida, permitiendo que los desarrolladores aprovechen al máximo las capacidades de la IA sin la necesidad de reinventar la rueda.

5. Opciones de acceso a ChatGPT en línea

👉 **HILO CONDUCTOR**

Tras descubrir el impacto de ChatGPT en distintos sectores y experimentar con algunas de sus aplicaciones, Álex decide dar el siguiente paso: crear su propia cuenta y explorar sus funciones en primera persona. Hasta ahora, ha leído sobre cómo esta herramienta puede agilizar tareas y mejorar la productividad, pero sabe que la mejor manera de comprender su potencial es probándola directamente.

Mientras navega por la web oficial de OpenAI, Álex se encuentra con diferentes opciones de acceso. Nota que existe una versión gratuita con funcionalidades básicas, pero también una opción prémium con mayor velocidad y acceso a modelos más avanzados. Se pregunta cuál es la mejor alternativa para sus necesidades y qué ventajas ofrece cada una.

En el mundo actual, donde la rapidez y la facilidad de comunicación son esenciales, las tecnologías como ChatGPT han venido a revolucionar la forma en que interactuamos con el conocimiento y las herramientas digitales. ChatGPT, desarrollado por OpenAI, es un modelo de lenguaje avanzado que facilita interacciones conversacionales con los usuarios, ofreciendo respuestas, asistencia en tareas y generación de contenido. Su integración en plataformas de comunicación, como se discutió anteriormente, es clave, pero para aprovechar al máximo sus capacidades es fundamental entender las diferentes formas de acceso disponibles en línea.

5.1. Acceso principal a través del sitio web de OpenAI

OpenAI proporciona su modelo ChatGPT a través de su plataforma web oficial en <https://openai.com/es-ES/chatgpt/overview/>. Este es el punto de acceso más directo y completo para interactuar con ChatGPT.

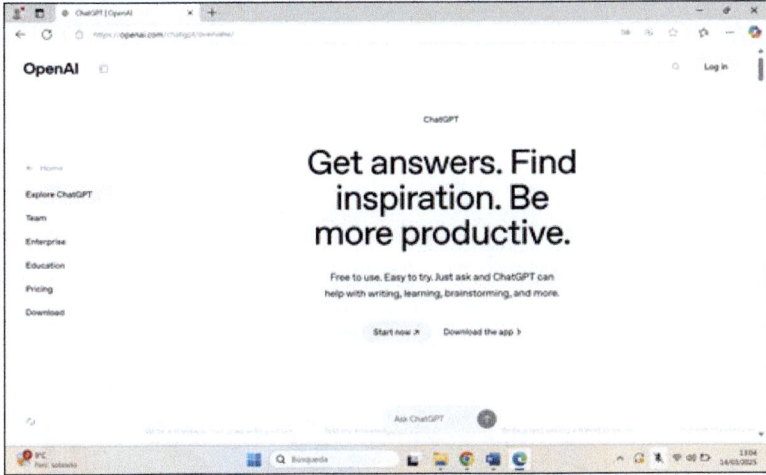

Página de aterrizaje de OpenAI, empresa desarrolladora de ChatGPT

El proceso de registro es sencillo, requiriendo poco más que una dirección de correo electrónico y la creación de una contraseña segura. Una vez registrado, el usuario puede iniciar sesiones de chat con el modelo, ingresando preguntas o tareas para recibir respuestas inmediatas. Este portal no solo permite una comunicación fluida, sino que también garantiza que los usuarios tengan acceso a la versión más actualizada de ChatGPT, con todas las mejoras de rendimiento y las correcciones de errores más recientes.

NOTA

Algunas de las características destacadas del acceso a través del sitio web de OpenAI incluyen:

- Interfaz amigable: la interfaz del sitio está diseñada para ser intuitiva y accesible, permitiendo a los usuarios escribir preguntas en un cuadro de texto y recibir respuestas directamente debajo de dicha entrada.
- Historial de conversaciones: los usuarios pueden consultar sus interactuaciones pasadas con el modelo, lo cual es valioso para hacer un seguimiento de temáticas discutidas o como referencia para trabajos y proyectos.
- Soporte continuo: se garantiza soporte técnico que puede ayudar a resolver problemas relacionados con el acceso o con las interacciones mismas.

ChatGPT se puede consultar desde ordenadores y teléfonos inteligentes, incluso desde WhatsApp.

5.2. Aplicaciones de escritorio y móviles

Las tecnologías portátiles son otra forma de acceder a ChatGPT, supliendo la necesidad de interacciones sobre la marcha. La aplicación ChatGPT está disponible para dispositivos móviles y sistemas operativos de escritorio. Estas aplicaciones son un reflejo del sitio web en cuanto a funcionalidad, pero ofrecen la ventaja de ser más portables y accesibles sin necesidad de un navegador web.

Dos aspectos clave relacionados con la compatibilidad y el funcionamiento de ChatGPT en entornos móviles son:

Compatibilidad multinacional	Modo sin conexión limitado
- Las aplicaciones de ChatGPT están disponibles tanto para iOS como para Android en sus respectivas tiendas de aplicaciones, garantizando así que prácticamente cualquier usuario de *smartphone* pueda interactuar con ChatGPT.	- Si bien las aplicaciones de ChatGPT permiten el uso sin conexión para ciertas funciones limitadas (como consulta de historia y edición de notas), el uso pleno del modelo aún requiere acceso a internet.

5.3. Integración en asistentes virtuales

El uso de asistentes virtuales en dispositivos inteligentes es otra vía crucial para acceder a ChatGPT. Empresas como Amazon y Google permiten integrar GPT en sus asistentes virtuales —*Alexa* y *Google Assistant,* respectivamente— proporcionando capacidades ampliadas en la gestión de tareas y generación de contenido.

La evolución de las interfaces conversacionales ha permitido que herramientas como ChatGPT no solo se limiten al uso en pantalla, sino que se integren en el entorno cotidiano mediante el control por voz y la compatibilidad con dispositivos inteligentes.

Algunas características destacadas que ejemplifican esta expansión son:

Facilidad de acceso y control por voz	- Con comandos verbales, los usuarios pueden interactuar con ChatGPT, solicitando respuestas a preguntas, resúmenes de información o asistencia en la planificación de actividades.
Compatibilidad con dispositivos domésticos	- A través de la integración con asistentes virtuales, ChatGPT puede aprovecharse no solo en *smartphones* y *tablets,* sino también en una variedad de dispositivos en el hogar, como altavoces inteligentes y televisores, llevando la experiencia a toda la casa.

PARA SABER MÁS

Para desarrolladores y empresas, el acceso más técnico a ChatGPT es mediante sus API (interfaz de programación de aplicaciones), proporcionadas por OpenAI. Esta forma de acceso permite la incorporación de capacidades de ChatGPT en aplicaciones personalizadas y servicios empresariales, permitiendo el diseño de experiencias a medida.

Las opciones de acceso a ChatGPT en línea son variadas y complementarias, optimizadas para satisfacer las necesidades de diferentes grupos de usuarios, desde individuos buscando asistencia en tareas cotidianas hasta desarrolladores tratando de innovar mediante integración con tecnologías y plataformas digitales. Al comprender y utilizar de manera efectiva estas opciones de acceso, las oportunidades de aprovechar el poder transformador de ChatGPT se multiplican, abriendo horizontes casi ilimitados en el entorno digital.

5.4. Plataformas que ofrecen ChatGPT

Las plataformas que ofrecen acceso a ChatGPT se están multiplicando rápidamente a medida que esta tecnología sigue innovando la manera en que interactuamos con las interfaces digitales. ChatGPT, desarrollado por OpenAI, es un modelo de lenguaje que puede entender y generar texto de manera que simula una conversación humana coherente y envolvente. Antes de abordar de forma detallada las plataformas que ofrecen este servicio, es fundamental contextualizar cómo este tipo de innovación se integra en las diferentes industrias y sectores, transformando la manera en que realizamos tareas cotidianas en un entorno digitalizado.

OpenAI: el punto de partida

OpenAI ha establecido entornos abiertos y accesibles para desarrolladores y usuarios a través de una plataforma UX robusta. El modelo ChatGPT de OpenAI inicialmente era accesible a través de una API (interfaz de programación de aplicaciones) que permitía a los desarrolladores integrar el modelo en sus propias aplicaciones. Este acceso API ha sido extensamente utilizado por empresas tecnológicas para ofrecer capacidades avanzadas de IA dentro de sus propios *softwares,* personalizando la experiencia según los requerimientos específicos de su negocio.

 **EJEMPLO**

Una aplicación de reserva de restaurantes puede integrar ChatGPT para procesar lenguaje natural y realizar reservas basándose en preferencias específicas del cliente.

Microsoft Azure: escalabilidad empresarial

Microsoft, uno de los socios clave de OpenAI, ha integrado ChatGPT en su plataforma de servicios en la nube, *Azure.* Esta inclusión permite a empresas de todos los tamaños y sectores acceder al poder de GPT-3 (y sus sucesores). *Azure* ofrece una diversidad de modelos personalizables que soportan ChatGPT, permitiendo a las organizaciones infundir inteligencia artificial en aplicaciones empresariales sin necesidad de infraestructura de *hardware* adicional.

Mediante la integración en *Azure,* las empresas pueden desarrollar chatbots que ofrezcan soporte al cliente, agilizar la recopilación de datos, acelerar procesos de automatización de tareas y optimizar las comunicaciones internas.

 **EJEMPLO**

Una empresa de atención médica puede utilizar el servicio para facilitar las interacciones entre pacientes y servicios administrativos.

Chatbots contextuales: la revolución de la experiencia del usuario

Las plataformas de chatbots han encontrado en ChatGPT un recurso invaluable para crear experiencias de chat mucho más humanas.

 SABÍAS QUE...

Plataformas como *Drift, Intercom* y *Pipedrive* están incorporando tecnologías avanzadas de OpenAI para capacitar a sus bots con capacidad conversacional.

Este tipo de integración no solo mejora la atención al cliente, sino que también permite a las empresas obtener resultados más concretos de las interacciones que tienen con sus usuarios y clientes.

 PARA SABER MÁS

Consulta la página de *Pipedrive* en español para saber sus precios, sus servicios y productos y cómo mejoran el embudo de ventas gracias a la IA. Accede desde aquí.

https://redirectoronline.com/comm00320102

Servicios de comunicación y redes: *Discord* y *Reddit*

Servicios de comunicación en línea como *Discord* han aprovechado las capacidades de ChatGPT para llevar a cabo moderación en tiempo real y ofrecer entretenimiento interactivo dentro de sus servidores. Las integraciones permiten que los usuarios interactúen de manera amigable, ingeniosa y útil, efectivas para comunidades que buscan dinamizar la interacción.

 ## SABÍAS QUE...

Reddit ha explorado el uso de GPT para mejorar la compatibilidad con los requerimientos de moderación, ayudando a manejar la cantidad masiva de contenido generado por los usuarios.

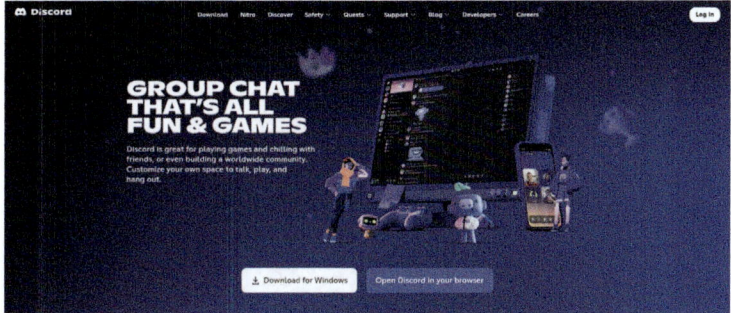

Discord es una plataforma de comunicación diseñada para permitir la interacción a través de mensajes de texto, voz y vídeo en servidores organizados por comunidades. Aunque originalmente fue creada para gamers, su uso se ha expandido a múltiples ámbitos, incluyendo educación, trabajo en equipo, desarrollo de software y comunidades de interés general.

Soluciones de EdTech: Pearson y McGraw Hill

El sector educativo no se ha quedado atrás. Líderes en educación como Pearson y McGraw Hill están comenzando a encabezar proyectos que integran ChatGPT en sus plataformas de aprendizaje. Estas empresas reconocen el potencial increíble de un asistente educativo que puede personalizar la información para adaptarse a las necesidades de aprendizaje de cada estudiante. Aplicaciones educativas enriquecidas con IA pueden ayudar a aclarar las dudas de los estudiantes en tiempo real, generar ejercicios personalizados y mejorar la eficacia del aprendizaje a través de la adaptabilidad individualizada.

PARA SABER MÁS

Tal y como hemos comentado, la editorial Pearson, una de las principales compañías del ámbito educativo a nivel internacional, ha comenzado a integrar
inteligencia artificial generativa en sus soluciones digitales. Esta incorporación
busca transformar la manera en que estudiantes y docentes interactúan con
los contenidos educativos, ofreciendo una experiencia de aprendizaje más
personalizada, dinámica y eficaz.

Entre las plataformas donde Pearson ya está implementando esta tecnología se
encuentran *MyEnglishLab* y *Pearson English Connect,* que incorporan herramientas inteligentes capaces de acompañar el proceso de aprendizaje de manera
flexible y autónoma. Este enfoque refuerza la tendencia hacia una educación
digital más adaptativa, en la que la inteligencia artificial actúa como aliada
para mejorar la calidad, la eficiencia y la equidad del aprendizaje. Accede al
siguiente enlace para conocerlas.

https://redirectoronline.com/comm00320103

Comercio electrónico y CRM: *Shopify* y *Salesforce*

El comercio electrónico ha experimentado un auge en la aplicación de inteligencia artificial a través de plataformas como *Shopify,* integrando ChatGPT
en sus tiendas en línea para ofrecer recomendaciones de productos en
tiempo real, responder preguntas frecuentes de clientes y ofrecer atención
personalizada sin la necesidad de presencia humana constante.

Por otro lado, *Salesforce* ha incluido capacidades de ChatGPT para mejorar
la interfaz de manejo de relaciones con sus clientes, permitiendo a las empresas optimizar la gestión e interacción con sus bases de datos y clientes
desde un solo punto de vista, proporcionando respuestas a las consultas
con mayor precisión y en menor tiempo.

 **PARA SABER MÁS**

En el siguiente artículo podrás acceder a una comparativa entre estas dos empresas: *Shopify* y *Salesforce.* Accede desde aquí para conocerla.

https://redirectoronline.com/comm00320104

Plataformas móviles: *Siri, Google Assistant* y *Alexa*

Los asistentes virtuales en dispositivos móviles y del hogar han incrementado exponencialmente su inteligencia gracias a la inclusión de modelos como ChatGPT. *Siri, Google Assistant* y *Alexa* están utilizando variantes avanzadas del PLN (procesamiento del lenguaje natural) para hacer que los comandos y consultas sean respondidos de una manera más fluida y natural.

 **DEFINICIÓN**

Procesamiento del lenguaje natural (PLN)
También conocido como NLP, es una rama de la inteligencia artificial (IA) que permite a las computadoras comprender, interpretar y generar lenguaje humano, utilizando técnicas de aprendizaje automático.

Creación de contenidos generativos: *Adobe* y *Canva*

En el ámbito de la creatividad digital, compañías como Adobe y Canva han comenzado a integrar componentes IA basados en modelos GPT para ayudar a los diseñadores y creadores de contenido a obtener inspiración, modificar recursos visuales, generar texto contextual para acompañar a las imágenes y, con el tiempo, potencialmente asistir en la edición directa a través de comandos.

 PARA SABER MÁS

En este artículo podrás leer una comparación entre algunas plataformas a la hora de generar imágenes a partir de la IA. Accede desde aquí.

https://redirectoronline.com/comm00320105

Startups y soluciones especializadas

Aparte de las grandes corporaciones, un ecosistema vibrante de *startups* está construyendo aplicaciones únicas con ChatGPT. Desde asistentes de escritura de *e-mails* hasta plataformas de diagnóstico médico, estas empresas emergentes están descubriendo nichos donde la IA generativa puede aportar un valor significativo.

 **NOTA**

Las plataformas que han integrado sus sistemas con ChatGPT muestran un compromiso con la evolución digital, ofreciendo soluciones más eficientes y

Continúa en página siguiente >>

<< Viene de página anterior

accesibles a una audiencia cada vez más exigente. Con la constante mejora en las capacidades de los modelos lingüísticos, la expansión de ChatGPT promete no solo transformar industrias y servicios, sino también democratizar el acceso a herramientas de inteligencia artificial, posibilitando que más personas, independientemente de su nivel de alfabetización tecnológica, puedan beneficiarse de las maravillas de la inteligencia artificial en el mundo contemporáneo.

En este espectro, es esencial que las plataformas continúen trabajando en leyes y políticas de datos, asegurando que el crecimiento exponencial de estas tecnologías se acompañe de una ética robusta y de una gestión de datos responsable.

 ## ACTIVIDAD COMPLEMENTARIA

1. La incorporación de herramientas basadas en inteligencia artificial como ChatGPT está transformando los procesos de enseñanza y aprendizaje. Gracias a sus capacidades de procesamiento del lenguaje natural, esta tecnología permite generar explicaciones, ejemplos, evaluaciones y apoyo personalizado a estudiantes de todos los niveles. Sin embargo, su uso plantea también retos que debemos analizar críticamente.

   Reflexiona sobre el impacto de ChatGPT en el ámbito educativo a través de la lectura, el análisis y la propuesta de ideas propias y busca información en internet para responder a las siguientes cuestiones:

   - ¿Qué usos de ChatGPT en la educación te parecen más relevantes o útiles? Describe al menos dos aplicaciones concretas y cómo mejorarían el aprendizaje o la enseñanza.
   - ¿Qué riesgos o límites identificas en el uso de ChatGPT como herramienta educativa? Reflexiona sobre aspectos como la dependencia tecnológica, la privacidad o la calidad de los contenidos generados.
   - ¿Cómo podrías integrar ChatGPT en una experiencia de aprendizaje personalizada? Imagina una situación real (por ejemplo: estudiar un tema complejo, mejorar redacción, repasar conceptos) y explica cómo lo usarías paso a paso.
   - ¿Qué papel crees que debe tener el profesorado frente al uso de herramientas como ChatGPT en clase? ¿Debería promover su uso? ¿Poner límites? ¿O enseñar a usarlo con sentido crítico?

5.5. Requisitos técnicos para el acceso en línea

Al ingresar al apasionante mundo de ChatGPT, es crucial comprender los requisitos técnicos necesarios para acceder y utilizar esta innovadora tecnología de manera efectiva. Como se discutió en el capítulo anterior sobre las plataformas que ofrecen ChatGPT, es importante recalcar que la experiencia del usuario puede variar dramáticamente dependiendo de los recursos tecnológicos disponibles. Este capítulo busca detallar de forma exhaustiva y clara cada uno de los elementos que debe considerar cualquier usuario o desarrollador interesado en integrar ChatGPT en su arsenal de herramientas digitales.

 IMPORTANTE

Para que la interacción con ChatGPT sea lo más fluida y productiva posible, se requiere de un entorno técnico optimizado. La tecnología detrás de ChatGPT, basada en modelos de lenguaje natural avanzados, es altamente sofisticada y, por lo tanto, demanda un enfoque cuidadoso a los detalles técnicos. Sin una adecuada preparación técnica, los usuarios pueden enfrentar desafíos tales como tiempos de respuesta lentos, resultados ineficaces y una experiencia de usuario inferior.

Requisitos básicos del sistema

Empezando con el dispositivo de acceso, ya sea un ordenador personal, un portátil, una *tablet* o un teléfono inteligente, es fundamental asegurarse de que el *hardware* y el sistema operativo sean compatibles con las plataformas que integran ChatGPT.

A continuación, se detallan algunos de los componentes del *hardware* y las configuraciones requeridas del *software:*

➲ *Hardware:*

 ◒ **Procesador (CPU).** Procesadores modernos con al menos cuatro núcleos. Son recomendados para manejar eficientemente las tareas libradas por aplicaciones que integran ChatGPT.

- ☺ **Memoria RAM.** Es aconsejable contar con un mínimo de 8 GB de RAM. Sin embargo, para un rendimiento óptimo, especialmente en tareas más intensivas, 16 GB de RAM o más son ideales.
- ☺ **GPU (unidad de procesamiento gráfico).** También conocida como "tarjeta gráfica", para aplicaciones más exigentes, una GPU dedicada puede acelerar el procesamiento, aunque no es estrictamente necesaria para accesos básicos mediante interfaz web.

➲ *Software:*

- ☺ **Sistema operativo.** Los entornos de uso más comunes *son Windows 10/11, macOS Catalina* o superior, y las distribuciones de Linux más actualizadas. Para dispositivos móviles, se requiere *iOS 13/android 10* o versiones superiores.
- ☺ *Web browser.* Se recomienda el uso de navegadores web actualizados como *Google Chrome, Mozilla Firefox, Safari* o *Microsoft Edge,* ya que estos aseguran soporte para las últimas tecnologías web, necesarias para la ejecución eficiente de interfaces de ChatGPT basadas en navegador.
- ☺ **Conectividad de red.** Una conexión a internet estable y de alta velocidad es esencial. Se sugiere mínimo 5 Mbps para operaciones estándar, aunque para un rendimiento óptimo, especialmente en aplicaciones en tiempo real, conexiones de 20 Mbps o superiores son preferibles.

Requisitos de infraestructura para desarrolladores

Para aquellos interesados en integrar ChatGPT en aplicaciones personalizadas o servicios, los requisitos técnicos aumentan en complejidad. Aquí se incluirán infraestructuras específicas y herramientas asociadas que podrían necesitarse.

Plataformas de integración

ChatGPT puede ser implementado en una variedad de entornos, desde aplicaciones web hasta servicios de *backend.* Las plataformas comunes que los desarrolladores podrían encontrar útiles son:

| **Proveedores de cloud computing** | - Plataformas como AWS, *Google Cloud Platform* y *Microsoft Azure* son opciones populares debido a su escalabilidad y herramientas integradas, que permiten una fácil integración de modelos GPT. |
| **Contenedores y microservicios** | - *Docker* y *Kubernetes* facilitan la implementación y gestión de instancias escalables de aplicaciones que utilizan ChatGPT. |

 ## PARA SABER MÁS

Amazon Web Services (AWS) es una de las plataformas de computación en la nube más utilizadas en el mundo, ofreciendo una infraestructura escalable y segura para empresas, desarrolladores y organizaciones. Con una amplia gama de servicios, AWS permite desde el almacenamiento de datos hasta el despliegue de aplicaciones complejas.

Los principales servicios de AWS son:

- EC2 *(Elastic Compute Cloud):* proporciona servidores virtuales escalables en la nube.
- S3 *(Simple Storage Service):* almacenamiento en la nube para archivos y datos con alta disponibilidad.
- RDS *(Relational Database Service):* bases de datos administradas como MySQL, PostgreSQL y Aurora.
- *Lambda:* ejecución de código sin necesidad de administrar servidores.
- *CloudFront:* red de distribución de contenido (CDN) para acelerar la entrega de datos globalmente.

Si deseas explorar más sobre AWS, puedes visitar su página oficial, donde encontrarás documentación, tutoriales y certificaciones oficiales para aprender a utilizar sus servicios.

Continúa en página siguiente >>

<< Viene de página anterior

https://redirectoronline.com/comm00320100

Requisitos de configuración de software

Para garantizar una integración exitosa y un rendimiento óptimo, algunos de los componentes y configuraciones que deben considerarse incluyen:

API y entornos de desarrollo	Bases de datos y servidores
- Los desarrolladores necesitarán API de terceros o las API oficiales de OpenAI para integrar ChatGPT en sus aplicaciones. Conocimientos en lenguajes de programación como Python, JavaScript o Java son importantes para manipular y consultar los modelos adecuadamente.	- Si las aplicaciones demandan almacenamiento de datos, bases de datos SQL o NoSQL podrían ser necesarias, además de los servidores web adecuados que soporten el tráfico de usuario y el procesamiento adicional.

El uso de herramientas basadas en inteligencia artificial como ChatGPT implica, en muchos casos, el manejo de información sensible o de carácter personal. Por ello, la ciberseguridad se convierte en un aspecto clave para garantizar un uso responsable y protegido de la tecnología. Es fundamental establecer medidas que aseguren tanto la privacidad de los usuarios como la integridad de los datos procesados.

A continuación, se presentan algunas consideraciones esenciales en materia de seguridad, encriptación, cumplimiento normativo y mantenimiento, especialmente relevantes en entornos donde ChatGPT se implementa como parte de un sistema más amplio.

Ciberseguridad y gestión de datos
- La seguridad informática es un componente crítico al trabajar con ChatGPT, especialmente porque involucra la transmisión y posiblemente el almacenamiento de grandes volúmenes de datos de texto. Aquí se abordan algunas consideraciones de seguridad esenciales:

Autenticación y autorización
- Implementar medidas robustas de autenticación y autorización para asegurar que solo usuarios legítimos acceden a los servicios de ChatGPT.
- Uso de *OAUTH 2.0* o JWT *(JSON Web Tokens)* para gestionar sesiones de usuario de manera segura y eficiente.

Encriptación de datos
- Los datos deben encriptarse tanto en tránsito (utilizando TLS/SSL para comunicaciones web) como en reposo (con tecnologías como AES-256 para almacenamiento).

Cumplimiento de normativas
- Desarrolladores e implementadores deben asegurarse que sus aplicaciones cumplan con normativas locales e internacionales relacionadas con la protección de datos, como el GDPR en Europa o la CCPA en California.

Monitoreo y mantenimiento
- Implementar herramientas de monitoreo continuo y procedimientos de mantenimiento para detectar y mitigar amenazas a la seguridad es una práctica recomendable. Herramientas tales como *CloudWatch* de AWS o *Datadog* pueden ser útiles en este contexto.

 **RECUERDA**

Navegar por los requisitos técnicos para el uso efectivo de ChatGPT puede parecer complicado inicialmente, pero comprender las demandas básicas de *hardware, software*, infraestructura y seguridad es imperativo para maximizar los beneficios que esta tecnología tiene para ofrecer.

Un compromiso constante hacia la actualización tecnológica y la práctica de medidas de seguridad integrales formarán, efectivamente, el núcleo de una estrategia exitosa en la implementación de ChatGPT, permitiendo una comunicación más natural y eficiente en cualquier entorno digital. Como resultado, tanto los

Continúa en página siguiente >>

<< Viene de página anterior

individuos como las organizaciones estarán mejor posicionados para aprovechar el potencial de la inteligencia artificial conversacional, optimizando procesos y comunicando más efectivamente en el entorno global interconectado de hoy.

6. Opciones de acceso gratuito y prémium

☞ HILO CONDUCTOR

Después de crear su cuenta en ChatGPT y explorar sus primeras interacciones con la inteligencia artificial, Álex se da cuenta de que hay distintas opciones de acceso disponibles. Mientras prueba la versión gratuita, nota que en algunas ocasiones las respuestas tardan más en generarse y que existen ciertas limitaciones en el uso continuo.

Curioso por conocer más, investiga sobre la opción ChatGPT Plus, una versión prémium que promete mayor velocidad, mejor disponibilidad incluso en momentos de alta demanda y acceso a modelos más avanzados. Álex se pregunta si realmente vale la pena pagar por esta suscripción o si la versión gratuita será suficiente para sus necesidades.

Para tomar una decisión informada, analiza los beneficios y diferencias entre ambas versiones. ¿En qué casos la versión gratuita es suficiente? ¿Cuándo conviene optar por la suscripción? En este capítulo, explorará las opciones de acceso a ChatGPT, comparando sus características y entendiendo cómo elegir la mejor alternativa según sus necesidades personales y profesionales.

En el vasto e innovador mundo de los modelos de lenguaje desarrollados por OpenAI, ChatGPT destaca por su amplia aplicabilidad en diversas áreas del entorno digital, desde la atención al cliente hasta la creación de contenido y el aprendizaje automatizado. Dada su versatilidad, surge una pregunta común entre los usuarios potenciales: ¿cómo puedo acceder a este recurso? En las próximas líneas se desglosan las opciones de acceso disponibles, diferenciando entre los servicios gratuitos y las características adicionales que ofrece la opción prémium.

6.1. Acceso gratuito a ChatGPT

El acceso gratuito a ChatGPT permite a los usuarios experimentar los beneficios de la inteligencia artificial sin incurrir en ningún costo económico. Esta opción está diseñada para alcanzar a una amplia audiencia, incluidos estudiantes, profesionales de pequeñas empresas y cualquier persona interesada en explorar las capacidades del lenguaje natural sin compromisos financieros.

El acceso gratuito generalmente incluye un conjunto básico de características que, aunque útil, puede estar limitado en comparación con sus contrapartes de suscripción. A menudo, esta opción ofrece:

| Capacidad de procesamiento estándar | Límites de uso | Acceso a versiones anteriores del modelo |

NOTA

El acceso gratuito es ideal para usuarios que buscan:

- Experimentación y desarrollo: los desarrolladores pueden utilizar la versión gratuita para prototipos y pruebas iniciales de sus aplicaciones, evaluando la funcionalidad del modelo antes de comprometer recursos significativos.
- Uso personal y esporádico: individuos interesados en inteligencia artificial pueden explorar personalmente sus capacidades, obteniendo información y entretenimiento de manera accesible.

6.2. Acceso prémium a ChatGPT

Por otro lado, el acceso prémium ofrece una gama ampliada de características diseñadas para usuarios que requieren un rendimiento más robusto y fiable, junto con un soporte técnico mejorado. El acceso prémium da respuesta a las demandas de empresas, desarrolladores profesionales y usuarios avanzados que requieren un nivel más alto de servicio.

A continuación, exploraremos los diferentes beneficios de tener un acceso prémium en ChatGPT, sus implicaciones y contextos de uso, mejorando nuestra comprensión del valor añadido que esta modalidad puede aportar:

- **Prioridad en acceso.** Una de las mayores ventajas del acceso prémium es la prioridad que brinda en términos de acceso al servicio. A medida que la popularidad de ChatGPT ha aumentado, la congestión en sus servidores puede traducirse en tiempos de espera para los usuarios estándar. Con una suscripción prémium, se otorga prioridad en las colas, garantizando así una interacción más fluida y rápida. Esto es especialmente ventajoso para profesionales cuyo trabajo depende de respuestas en tiempo real, como periodistas o gerentes de proyectos, quienes no pueden permitirse interrupciones en su flujo de trabajo.

- **Capacidad de procesamiento.** El acceso prémium generalmente incluye una capacidad de procesamiento mejorada, lo cual es crucial para aquellos que manejan datos extensos o necesitan realizar operaciones complejas. Al permitir más peticiones en menor tiempo y con mayor eficiencia, los usuarios pueden experimentar un servicio más robusto que aumenta su productividad. Por ejemplo, un equipo de investigación que realiza análisis de tendencias utilizando ChatGPT podría beneficiarse enormemente de la rapidez y robustez otorgada por el procesamiento prémium, permitiéndole así explorar grandes volúmenes de texto en menor tiempo y con resultados más precisos.

- **Personalización mejorada.** Los usuarios prémium de ChatGPT a menudo tienen acceso a opciones de personalización adicionales. Estas opciones pueden incluir la posibilidad de ajustar el tono, la complejidad y el nivel de detalle en las respuestas, adecuándose más al perfil específico de quien consulta. Ya sea que se necesite simplificar contenido técnico para un público general o profundizar en un tema para una audiencia más especializada, las funcionalidades de personalización permiten que ChatGPT se convierta en una herramienta adaptativa significativa en la creación de valor.

- **Mayor seguridad y privacidad.** Entendiendo la creciente importancia de la seguridad digital, los servicios prémium a menudo mejoran las características de seguridad y privacidad. Acceder a robustos sistemas de encriptación de datos y disposiciones adicionales de privacidad ofrece tranquilidad a quienes manejan información sensible. Imaginemos una firma legal utilizando ChatGPT para generar resúmenes de contratos; la mejora en seguridad del acceso prémium asegura que los contenidos manejados sean rigurosamente protegidos de accesos no autorizados.

- **Integración y funcionalidades avanzadas.** Otro atractivo considerable del servicio prémium de ChatGPT es la integración con otras herramientas y plataformas. La compatibilidad extendida con distintos *software* y aplicaciones permite que las organizaciones integren ChatGPT en sus operaciones diarias de manera más efectiva. Las funcionalidades avanzadas pueden incluir conexión directa con escritores de texto, hojas de cálculo automatizadas e integración con sistemas CRM *(customer relationship management)*, revolucionando cómo determinadas industrias operan en la práctica.

- **Soporte prioritario y asistencia técnica.** El beneficio del soporte prioritario no puede ser subestimado. Los usuarios con acceso prémium suelen disfrutar de un nivel superior de asistencia técnica, que incluye tiempos de respuesta más rápidos y atención especializada para resolver problemas. En un entorno donde el tiempo es esencial, como una empresa de *marketing* digital que utiliza ChatGPT para generar contenido en tiempo real para las redes sociales, la posibilidad de acceder rápidamente a asistencia técnica puede ser la diferencia entre un gran éxito y un desafío significativo.

- **Consumo e investigación de datos.** Para aquellos en el campo del análisis de datos o la investigación, el acceso a servicios prémium significa la posibilidad de explotar ChatGPT para tareas de minería y análisis de texto en grandes cantidades de datos. Al desbloquear capacidades extendidas de acceso a información histórica y en tiempo real, los investigadores pueden derivar conclusiones más sólidas y fundamentadas, abriendo puertas a innovaciones y descubrimientos que de otra forma estarían limitados.

- **Experiencia móvil y multiplataforma.** Finalmente, el acceso prémium optimiza la experiencia de usuario a través de múltiples dispositivos y plataformas. En un mundo donde la movilidad es crucial, los usuarios prémium disfrutan de versiones mejoradas de las aplicaciones móviles, mejor sincronización entre dispositivos y acceso sin fricciones al servicio, lo cual sigue siendo un punto crítico para profesionales en constante movimiento que dependen de la continuidad entre diferentes entornos de trabajo.

En resumen, al comprender los beneficios del acceso prémium a ChatGPT, queda claro que las ventajas son vastas y variadas. La inversión adicional en esta modalidad puede ofrecer resultados que transforman significativamente el potencial y calidad del trabajo producido, especialmente en sectores donde las tecnologías conversacionales están comenzando a desempeñar roles cruciales.

La decisión de optar por un acceso prémium, por tanto, no debería ser vista simplemente como un coste extra, sino como una inversión estratégica hacia la excelencia operativa y la mejora continua en el uso de la inteligencia artificial en nuestro entorno diario.

NOTA

La opción prémium es particularmente útil para:

- Empresas y organizaciones: las empresas que utilizan ChatGPT para interacciones con clientes, procesamiento de datos o desarrollo de productos pueden beneficiarse enormemente del acceso prémium, al garantizar la fiabilidad y la continuidad operativa.
- Desarrolladores y otros profesionales: los especialistas en inteligencia artificial y los desarrolladores informáticos pueden acelerar el desarrollo de sus aplicaciones utilizando la infraestructura mejorada y los modelos avanzados que proporciona el acceso prémium.
- Proyectos de creación: para proyectos con plazos ajustados o que requieren una precisión extrema, el acceso prémium ofrece la infraestructura necesaria para garantizar el éxito.

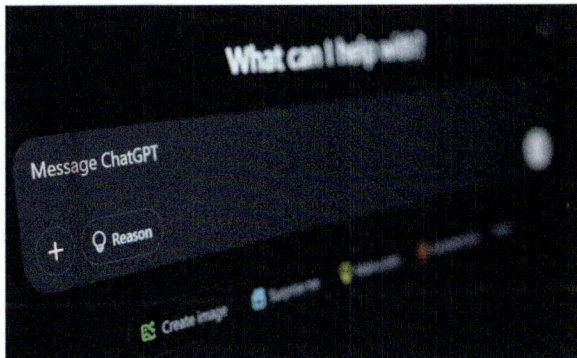

La interfaz amigable de ChatGPT es la misma en las dos opciones, gratuita y prémium.

6.3. Comparativa de características

En el vasto universo de herramientas digitales basadas en inteligencia artificial, las plataformas como ChatGPT han demostrado ser cruciales para mejorar la interacción humano-computadora. La introducción de ChatGPT de OpenAI en el ámbito de comunicación y generación de contenido automático ha revolucionado cómo las organizaciones y usuarios individuales gestionan sus necesidades cotidianas de procesamiento del lenguaje natural.

El siguiente listado ofrece un análisis exhaustivo de las características presentes en las diferentes versiones de ChatGPT, principalmente comparando las ofertas gratuitas con las de suscripciones prémium u otras alternativas que han surgido de competidores en el mercado:

- ⮞ **Comprendiendo ChatGPT:** en su núcleo, ChatGPT es un modelo de lenguaje que emplea técnicas avanzadas de inteligencia artificial para generar texto automatizado. La versión gratuita generalmente proporciona acceso al modelo en su formato más básico, equipado con capacidades estándar de generación de texto, respuestas conversacionales y asistente de búsqueda de información. Ideal para usuarios que buscan resolver consultas rápidas o explorar ideas en un entorno menos exigente.
- ⮞ **Capacidad conversacional y comprensión contextual:** la versión prémium de ChatGPT mejora la capacidad de la inteligencia artificial al ofrecer un entendimiento más profundo y contexto específico en sus respuestas. Aunque los modelos gratuitos también ofrecen una experiencia conversacional de calidad, es en la suscripción prémium donde el algoritmo puede reconocer, recordar y aplicar contextos previos con mayor eficacia, proporcionando interacciones más coherentes y robustas, esenciales para profesionales que requieren un recurso confiable para sus operaciones diarias.
  Por ejemplo, una empresa que use ChatGPT para gestionar interacción con el cliente puede notar diferencias significativas en cómo un modelo prémium retiene detalles de las conversaciones anteriores, mejorando así la experiencia del usuario en consultas recurrentes.
- ⮞ **Personalización y adaptación:** la habilidad para personalizar y adaptar la salida del modelo es otro beneficio claro en la versión prémium. Aquí, los usuarios pueden entrenar el modelo en terminología específica de la industria o en el tono corporativo deseado, permitiendo una interacción más precisa y adaptada a las necesidades de su negocio.
  El acceso gratuito, mientras tanto, ofrece opciones limitadas de personalización, manteniéndose en un marco generalista que aún puede ser poderoso para tareas no específicas.
- ⮞ **Integración con herramientas externas:** una consideración clave para las empresas es la integración con aplicaciones de terceros y sistemas existentes. Las versiones prémium a menudo incluyen más opciones de integración API, permitiendo a las organizaciones conectar fácilmente ChatGPT con sus sistemas de CRM, plataformas de gestión de contenidos o bases de datos internas.

Por ejemplo, un usuario prémium podría conectar ChatGPT a *Slack* para facilitar procesos internos de comunicación, permitiendo al chatbot moderar el flujo de conversación, ofreciendo respuestas automáticas o generando resúmenes de reuniones directamente en la herramienta.

- **Seguridad de datos y privacidad:** la seguridad es un aspecto fundamental en la era digital. Las suscripciones prémium de ChatGPT generalmente ofrecen opciones de seguridad mejoradas, incluyendo cifrado avanzado de datos en tránsito y almacenamiento seguro de información sensible, garantizando niveles más altos de cumplimiento normativo, críticos para sectores como salud y finanzas.

  Mientras, el uso de ChatGPT gratuito podría no incluir las mismas garantías de privacidad y control de datos, lo cual podría ser suficiente para individuos o pequeñas organizaciones con necesidades más básicas.

- **Disponibilidad y rendimiento:** la capacidad del servicio y su rendimiento bajo carga son aspectos diferenciadores significativos. Los usuarios con suscripción prémium suelen contar con mayor capacidad gráfica y de computación, lo que lleva a tiempos de respuesta más rápidos y una mayor fiabilidad del servicio, aun durante picos de tráfico.

  En contraste, el acceso gratuito podría estar sujeto a mayores restricciones que implementen *rate limiting* en momentos de altos niveles de demanda, impactando en la velocidad y fluidez de la interacción.

- **Actualizaciones y soporte:** por último, las versiones prémium de ChatGPT vienen con beneficios adicionales, como soporte técnico preferencial y acceso temprano a actualizaciones de *software* que introducen nuevas características y mejoras al modelo IA. Dichas actualizaciones no solo aseguran que el usuario tenga acceso a las capacidades más avanzadas, sino que también pueden incluir correcciones de errores y mejoras de seguridad críticas para el rendimiento óptimo de la herramienta.

 **RECUERDA**

Elegir entre un servicio de ChatGPT gratuito y su contraparte prémium u otras soluciones alternativas en el mercado es una decisión que debe ser informada por las necesidades específicas y el contexto de cada usuario o empresa. Mientras que las versiones gratuitas son adecuadas para exploraciones individuales o negocios con limitaciones de presupuesto, las suscripciones prémium son de gran valor para aquellos que requieren una interacción más personalizada, segura y eficiente.

Continúa en página siguiente >>

<< Viene de página anterior

Al comparar estas características, es evidente que no hay una elección única que sea superior en todos los casos. La comprensión matizada de estas diferencias es crucial para decidir qué opción maximizará el retorno de inversión en inteligencia artificial y fortalecerá la estrategia digital de una organización. Así, aquellos que busquen adoptar tecnología de inteligencia artificial tienen la oportunidad de considerar cuidadosamente lo que cada opción de ChatGPT puede aportar a sus fines.

---

7. Registro y configuración de una cuenta

☞ **HILO CONDUCTOR**

Después de explorar las distintas opciones de acceso a ChatGPT, Álex decide que es momento de registrarse y configurar su cuenta para empezar a utilizar la herramienta de manera más efectiva. Sabe que este paso le permitirá acceder a todas las funcionalidades y personalizar su experiencia para adaptarla a sus necesidades laborales y personales.

Siguiendo el proceso de registro, introduce su información, verifica su correo y comienza a explorar las opciones de configuración. Ajusta el idioma, revisa las preferencias de seguridad y activa notificaciones útiles para su trabajo. Mientras personaliza su cuenta, descubre que también puede integrar ChatGPT con otras plataformas, lo que le facilitará aún más la automatización de tareas.

La incursión en el mundo de ChatGPT comienza con uno de los pasos más esenciales y fundamentales: el **registro y la configuración de una cuenta.** A medida que te introduces en el vasto universo digital que ofrece esta tecnología, es esencial entender cómo establecer una presencia en la plataforma, personalizarla según tus necesidades y optimizar el uso de este asistente de inteligencia artificial para aprovechar al máximo sus capacidades. A continuación, se presenta el proceso de registro en la plataforma, junto con recomendaciones para una configuración adecuada de la cuenta, con el fin de facilitar un uso óptimo de las funcionalidades que ChatGPT ofrece desde sus opciones básicas.

7.1. La importancia de registrarse en ChatGPT

Antes de profundizar en cómo realizar el registro, es fundamental comprender por qué registrarse es un paso crucial. Al crear una cuenta en ChatGPT, ganarás acceso a una variedad de características avanzadas, la posibilidad de personalizar tus preferencias y un mayor control sobre tu experiencia de usuario. Además, una cuenta te permite sincronizar tus datos y actividades en múltiples dispositivos, facilitando un acceso continuo y eficiente a las respuestas e interacciones.

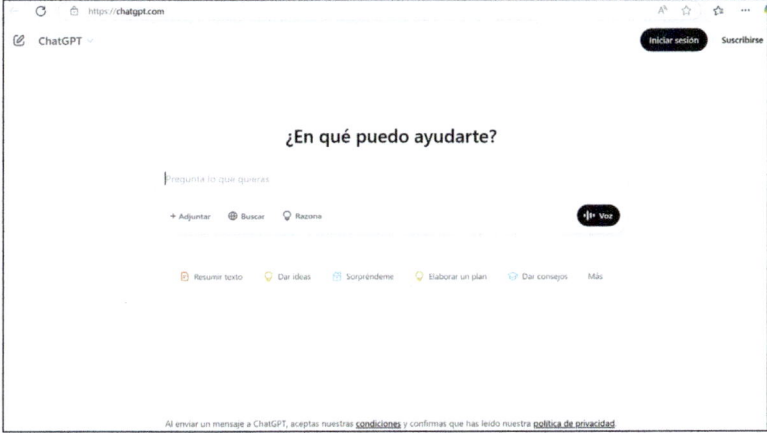

También podemos usar ChatGPT sin registrarnos. ¡Prueba a hacerle alguna pregunta!

Paso a paso: cómo registrarse en ChatGPT

El proceso de registro en ChatGPT es diseñado para ser intuitivo y accesible para todos los niveles de usuarios. Los pasos para comenzar son:

1. **Acceso al portal de registro:** inicia visitando el sitio web oficial de ChatGPT o descargando su aplicación desde una tienda digital acreditada. En la página de inicio, localiza y selecciona la opción de "Suscribirse".

Detalle de los botones que te aparecen arriba y a la derecha de la web

2. **Introducción de datos personales:** proporciona la información solicitada, que usualmente incluye tu nombre completo, dirección de correo electrónico y una contraseña segura. Asegúrate de seleccionar una contraseña que combine letras, números y símbolos para contribuir a la seguridad de tu cuenta.

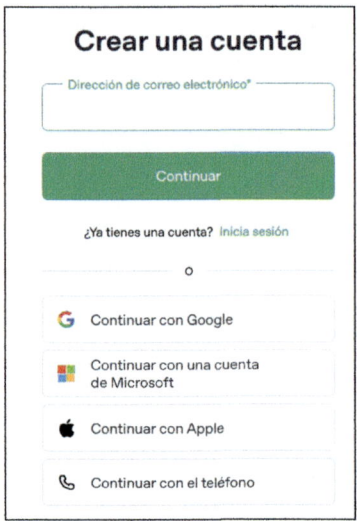

Pantalla de inicio para crearse una cuenta. Puedes vincular tus cuentas de Google, Microsoft o Apple.

3. **Verificación de correo electrónico:** una vez completada la información inicial, recibirás un correo electrónico de verificación en la dirección proporcionada. Haz clic en el enlace de verificación dentro del correo para confirmar tu identidad y activar tu cuenta.
4. **Aceptación de términos y condiciones:** antes de finalizar, revisa los términos y condiciones de uso de ChatGPT. Asegúrate de entenderlos completamente antes de proceder, ya que son fundamentales para tu relación con el servicio.

PARA SABER MÁS

No pierdas un minuto y entra a la web de ChatGPT para empezar a aprender y experimentar con la IA generativa de texto. Accede desde aquí.

Continúa en página siguiente >>

<< Viene de página anterior

https://redirectoronline.com/comm00320106

Configuración inicial de la cuenta

Con el registro completado, ahora tienes la oportunidad de personalizar tu experiencia con ChatGPT. Esta configuración inicial es crucial para establecer tu entorno de trabajo y adecuar las funciones a tus preferencias personales y profesionales.

La plataforma ofrece diversas opciones que permiten optimizar la experiencia, tanto en términos de accesibilidad como de funcionalidad. Algunas de las configuraciones más relevantes que pueden personalizarse desde el perfil del usuario son:

> **Opciones de personalización**
> - Dirígete a la sección de configuración dentro de tu perfil. Aquí puedes modificar las preferencias de idioma, seleccionar temas de interfaz que se adapten a tus gustos visuales y ajustar la privacidad de tus datos.

> **Gestión de notificaciones**
> - ChatGPT ofrece una serie de notificaciones para ayudarte a mantenerte informado sobre actualizaciones, mensajes nuevos y consejos útiles. Decide qué alertas prefieres recibir y configura la frecuencia de estas notificaciones desde tu perfil.

> **Integración de aplicaciones**
> - A menudo, ChatGPT permite la integración con otras aplicaciones y servicios. Explora las opciones disponibles para conectar con herramientas que ya estés utilizando, maximizando así la interoperabilidad y eficiencia.

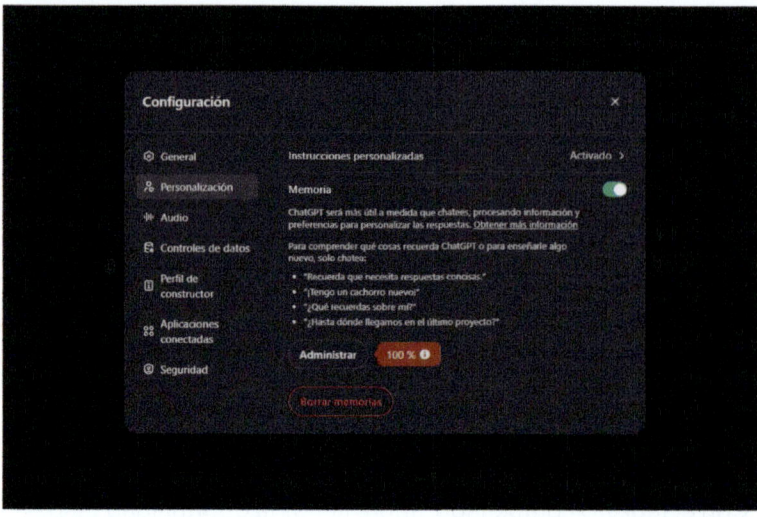

Este es el aspecto que tiene la pestaña de configuración de ChatGPT. Son muchas opciones, explóralas poco a poco.

 PARA SABER MÁS

En el siguiente artículo podrás conocer algunas configuraciones más que puedes hacer en tu pantalla de ChatGPT. Accede desde aquí.

https://redirectoronline.com/comm00320107

Opciones de seguridad y privacidad

Una cuenta segura no solo protege tus datos personales, sino que también garantiza que la experiencia con ChatGPT sea confiable.

Las medidas para fortalecer la seguridad de tu cuenta y que debemos considerar son:

Gestión de dispositivos
- Supervisa los dispositivos que tienen acceso a tu cuenta y cierra la sesión en aquellos que ya no utilices o reconozcas.

Revisión de los permisos de la cuenta
- De manera periódica, revisa las aplicaciones conectadas y los permisos otorgados. Asegúrate de que solo las aplicaciones y servicios necesarios tengan acceso a tu información.

Autenticación de dos factores (2FA)
- Implementa la autenticación de dos factores para añadir una capa adicional de seguridad a tu cuenta. Esta herramienta requiere un método de verificación adicional, como un código enviado a tu dispositivo móvil, para acceder a tu cuenta.

Explorando el asistente de configuración

Con el objetivo de facilitar la integración y el uso de ChatGPT, la plataforma a menudo incorpora un asistente de configuración que te guiará a través de los pasos importantes y te ofrecerá recomendaciones personalizadas. Este asistente es particularmente útil para nuevos usuarios, ya que proporciona una introducción interactiva a las funcionalidades básicas y avanzadas de ChatGPT.

El asistente de configuración está en la parte superior derecha de la pantalla (en la versión web), en el icono de tu perfil o en el menú de tres puntos, según el dispositivo. Desde ahí puedes ajustar cosas como:

Tono y estilo de respuestas	Preferencias de idioma	Comportamiento del asistente

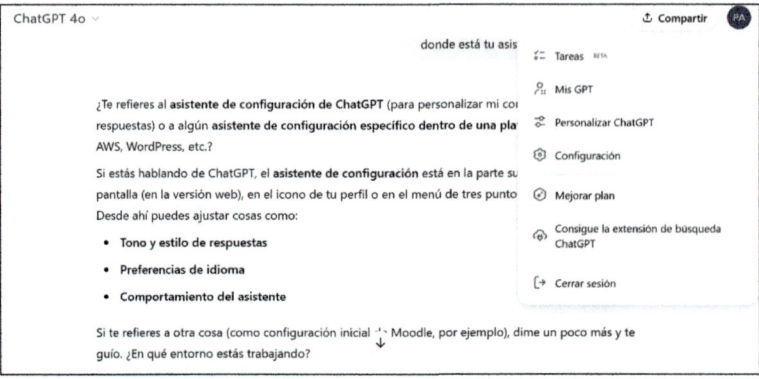

En la versión web, pulsa arriba a la derecha. Las siglas "PA", diferentes en tu caso, son las que hacen referencia a tu nombre.

Configuración avanzada y *scripts* personalizados

A medida que te familiarices con ChatGPT, puedes querer explorar opciones de configuración más avanzadas. Las capacidades de personas con conocimientos técnicos pueden incluir:

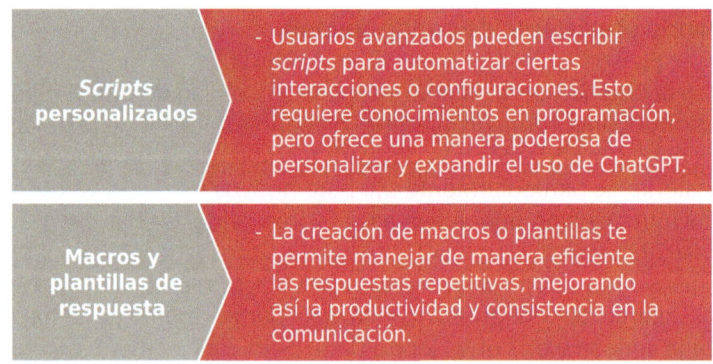

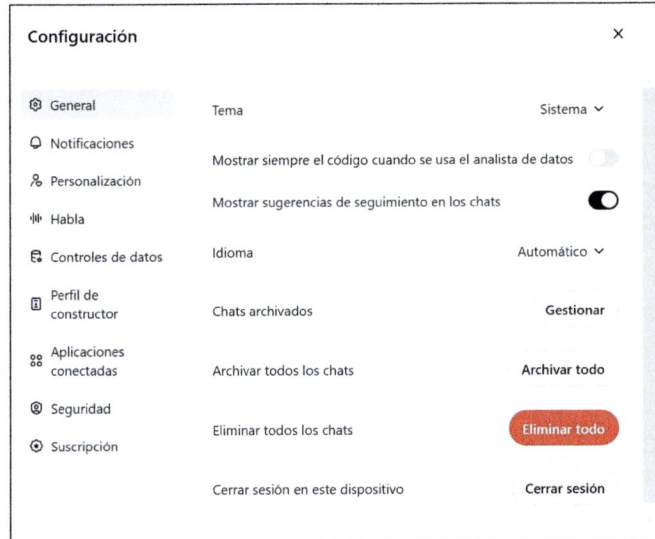

*Para configurar el idioma y otros detalles puedes hacerlo desde **Configuración**, en la parte de general.*

Mantenimiento y actualización de la cuenta

Finalmente, un aspecto crucial para cualquier cuenta es su mantenimiento regular. Asegúrate de realizar las siguientes acciones para mantener tu cuenta de ChatGPT óptima:

Actualización regular de la información de perfil

Mantén tu información personal actualizada para asegurar que coincide con la realidad, especialmente en caso de cambios en número telefónico o dirección de correo electrónico.

Revisión de contraseñas

Considera cambiar tu contraseña periódicamente para mitigar riesgos de seguridad. Utiliza herramientas de gestión de contraseñas si necesitas ayuda para recordarlas.

Actualizaciones de la aplicación

Mantén tu aplicación de ChatGPT actualizada para asegurarte de contar con las últimas características de seguridad y mejoras de la plataforma.

Al abordar cuidadosamente el registro y la configuración de tu cuenta en ChatGPT, no solo te aseguras un comienzo sólido y seguro en tu viaje por la inteligencia artificial, sino también el desarrollo de una base robusta para explorar y expandir su potencial. Este proceso es más que una simple entrada a la plataforma; es la clave para liberar un mundo de posibilidades que te permitirán aprovechar al máximo las interacciones digitales que ChatGPT puede proporcionar.

7.2. Configuración inicial de preferencias

Ahora que has completado el proceso de registro y acceso a la plataforma de ChatGPT, el siguiente paso crucial en tu camino para aprovechar al máximo las capacidades de esta herramienta excepcional es configurar tus preferencias iniciales. En este apartado, te guiaremos minuciosamente a través de las opciones disponibles para ayudarte a personalizar tu experiencia de usuario de acuerdo con tus necesidades individuales. Este proceso es crítico para garantizar que ChatGPT funcione de manera acorde a tus expectativas, maximizando así su utilidad y relevancia para tus proyectos.

Acceso al panel de preferencias

Una vez que hayas iniciado sesión en ChatGPT, la interfaz te redirigirá automáticamente a tu página de inicio, donde encontrarás un menú de navegación intuitivo. Localiza y accede a la sección de **preferencias,** que generalmente se presenta en la esquina superior derecha o en un menú desplegable. Esta sección es tu centro de comando para personalizar tu interacción con el sistema.

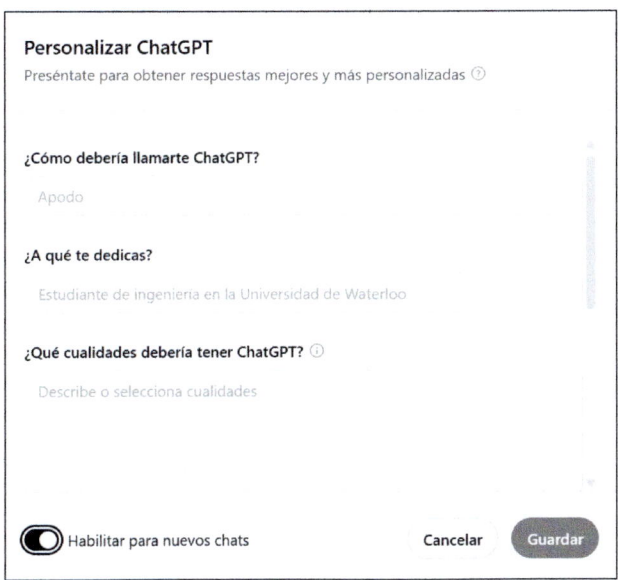

Puedes describirte para que ChatGPT escriba parecido a como lo harías tú.

Configuración del idioma

La capacidad de ChatGPT para comunicarse en múltiples idiomas es una de sus ventajas competitivas. Desde el panel de preferencias, selecciona el idioma en el que deseas interactuar. El sistema ofrece una extensa lista de idiomas posibles, pero, si tu área de trabajo implica la interacción en varios idiomas, podrías seleccionar uno principal y configurar idiomas secundarios según tus necesidades. Esto no solo te permitirá comunicaciones fluidas, sino que también garantizará que los matices y contextos culturales se mantengan precisos.

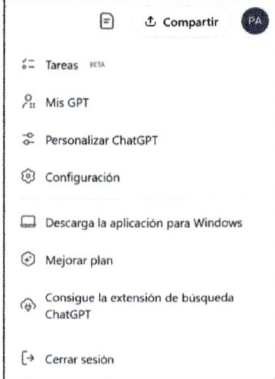

Este es el aspecto del menú de configuración.

Control de estilo de respuesta

Otra función del sistema es su capacidad para modificar el estilo de respuesta. Según las preferencias del usuario, ChatGPT puede generar textos concisos, elaborados o balanceados. Los parámetros seleccionados aquí no solo influirán en la longitud de las respuestas, sino también en su profundidad analítica. Para trabajos que requieren conclusiones rápidas o resúmenes, elige un estilo conciso. Por otro lado, si buscas exploraciones detalladas de un tema, opta por un estilo más extenso y elaborado.

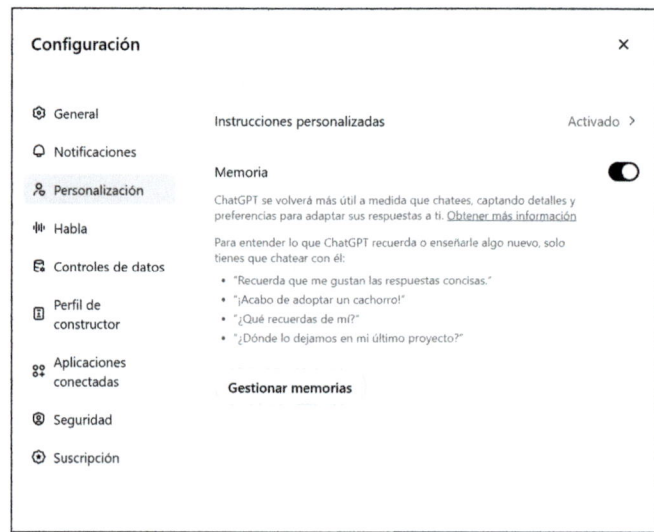

ChatGPT aprende de ti, a medida que le escribes, y puedes ir enseñándole cuál es tu estilo. Lo recordará.

Integración de contexto

Al iniciar conversaciones con ChatGPT, el contexto es una pieza clave que influye en la calidad de las respuestas. Desde la configuración inicial, puedes definir si deseas que la inteligencia artificial mantenga o no un contexto extendido de tus interacciones. Esto es especialmente útil en sesiones de trabajo prolongadas o proyectos complejos, donde es fundamental mantener un hilo conductor coherente. No obstante, si trabajas en temas distintos o en sesiones cortas, tal vez prefieras restablecer el contexto después de cada intercambio para recibir respuestas más imparciales y frescas.

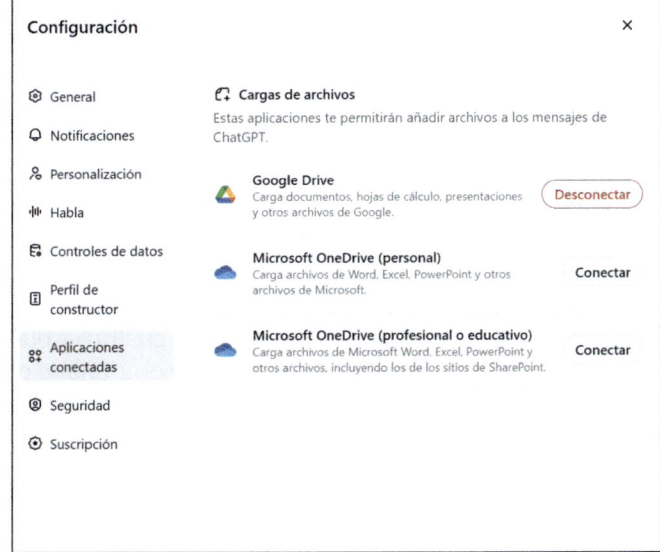

Puedes relacionarlo con otras aplicaciones en la nube, como Drive de Google o Microsoft.

Personalización de alertas y notificaciones

En muchas ocasiones, las notificaciones pueden convertirse en distracciones que disminuyen la productividad. ChatGPT te ofrece la posibilidad de administrar las alertas y notificaciones para mantenerte enfocado en tus tareas esenciales. Desde la configuración de preferencias, puedes personalizar las alertas que desees recibir. Quizás requieras recibir actualizaciones sobre nuevas funcionalidades o tal vez solo quieras que el sistema te notifique sobre mensajes de seguimiento. La gestión eficiente de las notificaciones es una herramienta eficaz para optimizar tu tiempo y recursos.

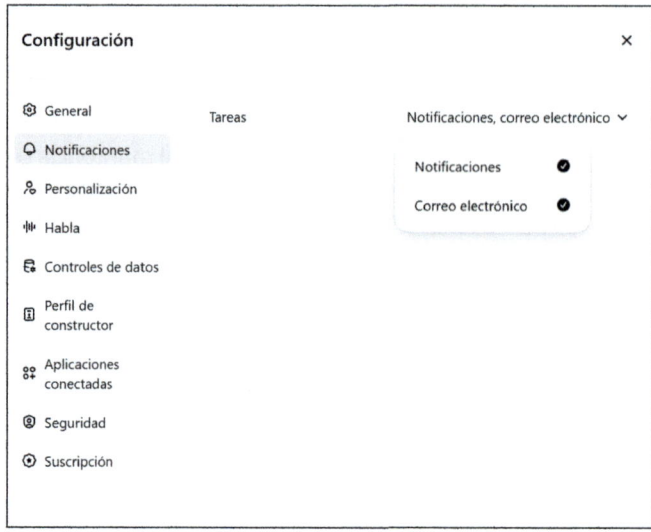

Menú de ajuste

Ajustes de seguridad y privacidad

La seguridad es una prioridad indiscutible en cualquier plataforma digital moderna y ChatGPT no es una excepción. Bajo el apartado de preferencias, encontrarás una variedad de opciones para ajustar la configuración de seguridad y garantizar que tus datos estén protegidos de acuerdo a tus expectativas. Activa medidas como autenticaciones de dos factores, define el nivel de acceso a tus datos y establece parámetros claros para la privacidad de tus interacciones. Mantener altos niveles de seguridad proporcionará la tranquilidad necesaria que te permita explorar las capacidades del sistema sin preocupaciones.

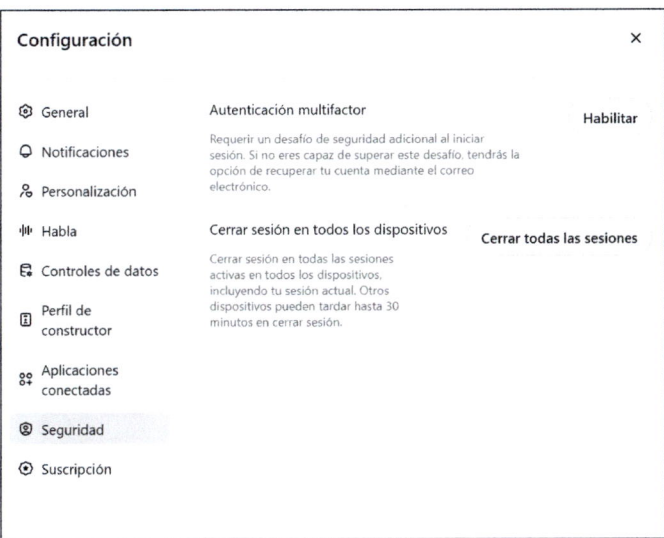

Puedes solicitar autentificación para iniciar sesión y entrar desde varios dispositivos.

Configuración de temas y accesibilidad

Cada usuario tiene preferencias únicas en cuanto a la apariencia visual de sus herramientas de trabajo. ChatGPT permite personalizar la interfaz con diferentes temas y opciones de accesibilidad. Desde colores de fondo hasta el tamaño del texto, estas personalizaciones mejoran la experiencia de usuario y pueden aumentar la productividad si se adaptan a tus preferencias visuales. Para personas con requerimientos especiales, asegura un acceso equitativo a las funcionalidades mediante tecnologías de asistencia que soportan diversidad funcional.

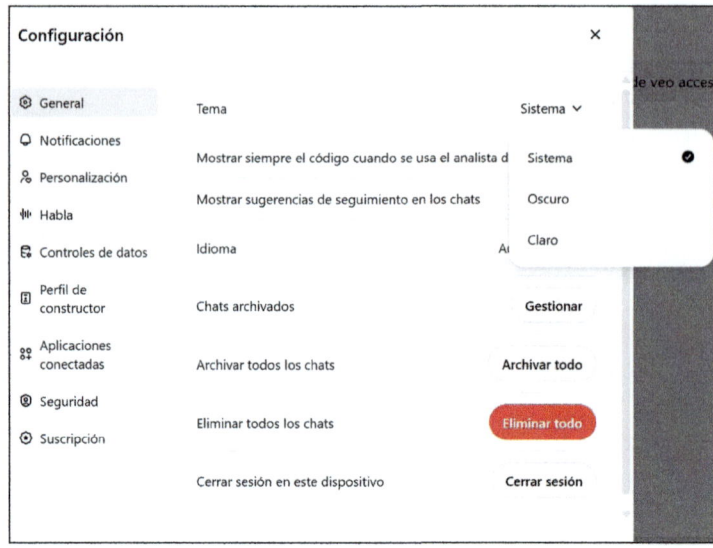

Puedes cambiar el color de la pantalla, poniéndolo, por ejemplo, en negro, para tener menos retroiluminación y descansar la vista.

 **RECUERDA**

La flexibilidad y adaptabilidad de este sistema lo convierten en una herramienta poderosa que, ajustada a tus necesidades específicas, puede amplificar tus capacidades y maximizar la eficiencia en tus proyectos. A medida que personalices estas preferencias, considera tus objetivos a largo plazo y la naturaleza de tus proyectos para sacar el mejor provecho posible de esta tecnología revolucionaria.

8. Resumen

Se abordan las diferencias entre IA débil y fuerte, así como los principios del aprendizaje automático y el aprendizaje profundo, permitiendo al alumnado comprender cómo estas tecnologías imitan procesos cognitivos humanos para resolver problemas y generar texto de forma autónoma.

IA fuerte	IA débil
- También conocida como "inteligencia general artificial" (AGI), es una forma hipotética de IA que podría generalizar conocimiento de manera similar a la humana, aplicando inteligencia a una gama mucho más amplia de problemas.	- O "inteligencia artificial estrecha", se refiere a sistemas que están diseñados y entrenados para tareas específicas, como asistentes personales virtuales o sistemas de recomendación. Estos sistemas no poseen capacidades de razonamiento general.

Los tres conceptos clave que permiten entender cómo funciona el aprendizaje en modelos como ChatGPTm son:

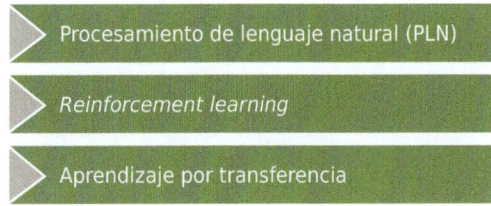

- Procesamiento de lenguaje natural (PLN)
- *Reinforcement learning*
- Aprendizaje por transferencia

Los principales pilares del aprendizaje autónomo son:

Metacognición y autorregulación

Motivación intrínseca

Aprendizaje experiencial

Flexibilidad y adaptabilidad

Evaluación continua

Gracias a su versatilidad y capacidad para procesar información de manera eficiente y en tiempo real, ChatGPT ofrece múltiples aplicaciones que impactan positivamente en los procesos de enseñanza y aprendizaje.

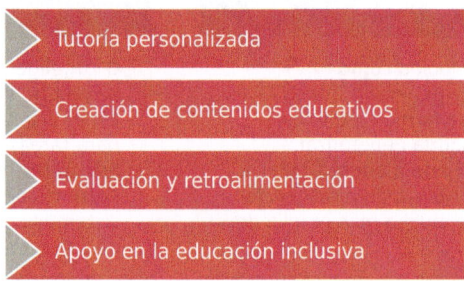

Tutoría personalizada

Creación de contenidos educativos

Evaluación y retroalimentación

Apoyo en la educación inclusiva

Ejercicios de autoevaluación
Unidad de Aprendizaje 1

1. ¿Cuál de las siguientes afirmaciones describe mejor la inteligencia artificial?

    a. Es un sistema basado en reglas fijas sin capacidad de adaptación.

    b. Es la capacidad de las máquinas para realizar tareas que requieren inteligencia humana.

    c. Solo se usa en la industria de la robótica.

    d. No puede procesar información en tiempo real.

2. ¿Qué característica diferencia principalmente el aprendizaje supervisado del no supervisado?

    a. El aprendizaje supervisado usa datos etiquetados, mientras que el no supervisado no los necesita.

    b. El aprendizaje no supervisado es más preciso que el supervisado.

    c. Ambos tipos de aprendizaje funcionan de la misma manera.

    d. En el aprendizaje supervisado, la máquina aprende por ensayo y error sin datos previos.

3. ¿Cuál es una de las principales aplicaciones del procesamiento del lenguaje natural (PLN)?

    a. Traducción automática de textos

    b. Diagnóstico por imágenes en medicina

    c. Simulación de circuitos electrónicos

    d. Optimización de procesos industriales

4. ¿Cuál es el objetivo principal del aprendizaje por refuerzo en inteligencia artificial?

    a. Entrenar modelos sin datos previos.

    b. Optimizar la toma de decisiones a través de recompensas y penalizaciones.

    c. Imitar únicamente el comportamiento humano.

    d. Analizar grandes volúmenes de texto sin intervención humana.

5. ¿En qué se diferencia GPT-4 de sus versiones anteriores?

    a. Mejora la capacidad de razonamiento y comprensión contextual.

    b. Reduce la cantidad de datos utilizados en el entrenamiento.

    c. Utiliza modelos estadísticos simples sin redes neuronales.

    d. No presenta mejoras significativas en comparación con GPT-3.

6. ¿Cuál de los siguientes elementos es fundamental para que ChatGPT pueda comprender y generar lenguaje humano?

    a. Algoritmos de búsqueda binaria

    b. Procesamiento del lenguaje natural (PLN)

    c. Bases de datos relacionales

    d. Sensores biométricos

7. Indica si las siguientes frases son verdadera o falsas.

    a. El aprendizaje profundo utiliza redes neuronales artificiales para mejorar el reconocimiento de patrones.

        ■ Verdadero
        ■ Falso

    b. ChatGPT es un modelo de inteligencia artificial programado únicamente con reglas fijas sin capacidad de aprendizaje.

        ■ Verdadero
        ■ Falso

    c. La inteligencia artificial fuerte es un sistema que puede razonar y aprender de manera similar a un ser humano.

        ■ Verdadero
        ■ Falso

8. Relaciona los siguientes elementos.

    a. Aprendizaje supervisado

    b. Aprendizaje no supervisado

    c. Aprendizaje por refuerzo

— Identifica patrones en datos sin etiquetas previas.
— Aprende a través de recompensas y penalizaciones.
— Se entrena con datos etiquetados para predecir resultados.

9. **¿Cuál de las siguientes afirmaciones describe correctamente una función de ChatGPT en el ámbito educativo?**

   a. Sustituye por completo al profesorado en la enseñanza de conceptos complejos.
   b. Funciona como asistente virtual capaz de brindar tutoría personalizada, adaptándose al ritmo de cada estudiante.
   c. Solo se puede usar para corregir exámenes en instituciones universitarias.
   d. Está limitado a responder preguntas de ciencias exactas y no se adapta a otros campos.

10. **¿Cuál de los siguientes conceptos es un pilar fundamental del aprendizaje autónomo, tanto en humanos como en sistemas de inteligencia artificial como ChatGPT?**

   a. Ejecución de tareas repetitivas sin análisis.
   b. Dependencia total de respuestas automáticas.
   c. Metacognición y autorregulación.
   d. Rechazo al uso de tecnología en el proceso de aprendizaje.

Conceptos básicos

Contenido

Objetivos

El objetivo general de esta Unidad de Aprendizaje es:

→ Conocer las funciones principales de ChatGPT aplicado a comercio y *marketing*.

Los objetivos específicos de esta Unidad de Aprendizaje son:

→ Explorar la interfaz y configuración de ChatGPT, conociendo sus funciones principales para personalizar la experiencia de usuario y mejorar la interacción con el modelo.

→ Aplicar las diferentes funcionalidades de ChatGPT en tareas cotidianas, profesionales y creativas, optimizando su uso en la generación de contenido, la resolución de problemas y la automatización de respuestas.

→ Utilizar ChatGPT en tareas del día a día.

1. Introducción

En la era digital, la inteligencia artificial ha transformado la forma en que interactuamos, trabajamos y aprendemos. Esta unidad introductoria marca el inicio de un recorrido por ChatGPT, una de las herramientas más innovadoras en la actualidad. Más que una simple tecnología, su impacto se refleja en la automatización de tareas, la creatividad y la optimización del acceso a la información.

Comprender sus bases no solo facilita su uso, sino que amplía las posibilidades en distintos ámbitos. Un estudiante puede emplearlo para mejorar su aprendizaje, mientras que un profesional de *marketing* puede optimizar la interacción con clientes. Más allá de la productividad, ChatGPT también es un aliado creativo, capaz de generar ideas, desarrollar historias y asistir en proyectos innovadores.

Dominar su funcionamiento no solo implica eficiencia en consultas o generación de contenido, sino también el desarrollo de una interacción más consciente, ética y estratégica con la inteligencia artificial. A medida que exploramos esta unidad, seguiremos basándonos en el caso de Álex, que descubrirá que ChatGPT no es solo una herramienta, sino un colaborador en la transformación del entorno digital, ofreciendo nuevas oportunidades de interacción y creatividad.

2. Entorno gráfico e interfaz de usuario de ChatGPT

 **HILO CONDUCTOR**

Tras registrarse en ChatGPT, Álex está listo para explorar la plataforma, pero, antes de comenzar a usarla, necesita familiarizarse con su entorno gráfico e interfaz. Aunque ha utilizado otras herramientas digitales, sabe que comprender cómo está organizada la interfaz le permitirá aprovechar mejor sus funciones y agilizar su trabajo diario.

Al acceder por primera vez, observa que la interfaz es intuitiva y fácil de navegar. Descubre el área de conversación, donde puede escribir sus preguntas

Continúa en página siguiente >>

<< Viene de página anterior

y recibir respuestas en tiempo real. También nota opciones de configuración y personalización, que le permitirán ajustar el idioma, el nivel de detalle en las respuestas y las preferencias de privacidad.

A medida que explora la plataforma, Álex se da cuenta de que la simplicidad del diseño no solo mejora la experiencia del usuario, sino que también optimiza su eficiencia.

El entorno gráfico y la interfaz de usuario de ChatGPT son componentes cruciales que determinan la manera en la que los usuarios interactúan con esta herramienta. A través de un diseño bien concebido, ChatGPT busca ofrecer una experiencia accesible, intuitiva y eficaz. En esta sección, exploraremos en profundidad los elementos visuales y funcionales de la interfaz, cómo estos facilitan el uso del sistema y qué estrategias se han utilizado para garantizar que la herramienta sea lo más amigable y eficiente posible.

2.1. Introducción a la interfaz gráfica de usuario de ChatGPT

La interfaz gráfica de usuario (GUI) de ChatGPT se basa en principios de diseño modernos que buscan mejorar la interacción humano-ordenador. Al aprovechar avances en usabilidad y accesibilidad, la interfaz de ChatGPT está diseñada para atender a un público diverso con distintas necesidades y habilidades tecnológicas.

El objetivo principal de una buena GUI es simplificar las acciones que un usuario necesita llevar a cabo, minimizando la fricción y los errores. En el caso de ChatGPT, la atención se centra en ofrecer un acceso directo a las funcionalidades centrales, como la introducción de texto, la visualización de respuestas y la navegación en el historial de interacciones.

2.2. Diseño de la pantalla principal

La pantalla principal del entorno gráfico de ChatGPT se destaca por su **diseño minimalista.** Los desarrolladores han optado por un enfoque limpio y sin distracciones, garantizando que los usuarios puedan centrarse en la tarea principal: **la interacción con el asistente de inteligencia artificial.**

La pantalla se divide en tres secciones:

Área de texto	- En el centro de la pantalla se encuentra el campo de entrada de texto, que ocupa un lugar destacado. Aquí es donde los usuarios introducen sus consultas o indicaciones.
Área de visualización de las respuestas	- Directamente debajo del campo de entrada, las respuestas de ChatGPT se muestran en un formato de texto claro, utilizando fuentes de fácil lectura y un espaciado apropiado para garantizar la legibilidad.
Historial de conversaciones	- Aquellos usuarios que deseen consultar interacciones previas pueden hacerlo a través de una sección de historial claramente accesible, que ofrece la posibilidad de volver sobre respuestas anteriores sin complicaciones.

Captura de pantalla de ChatGPT. En la parte central, el área de texto; en la columna izquierda, el espacio donde se recoge el historial de conversaciones.

En la parte central, se ha realizado una pregunta. Se observa cómo ChatGPT contesta de una manera estructurada, por bloques, y la flecha nos indica que la explicación continúa.

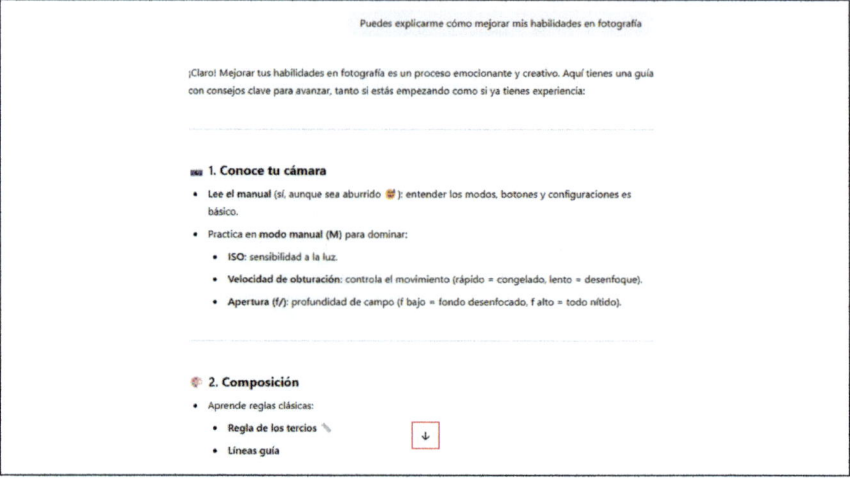

Área de respuesta de ChatGPT

Una vez que ha finalizado la explicación, nos solicita más información por si queremos continuar con la conversación, o bien en el recuadro volver a realizar otra pregunta.

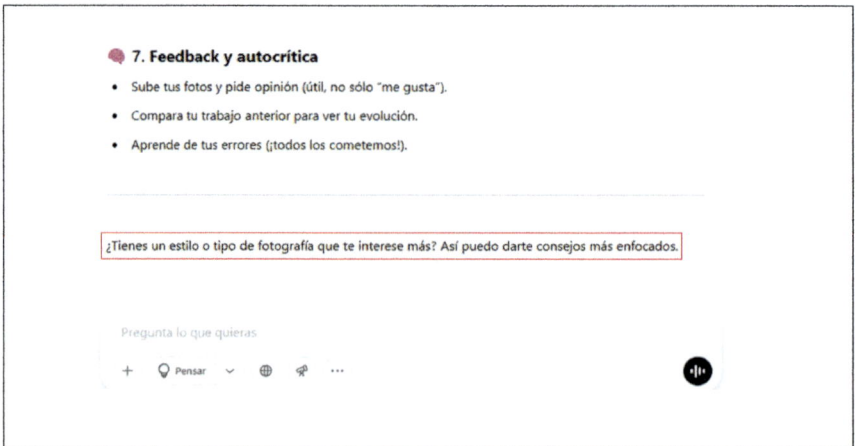

Área para volver a realizar una pregunta

En la zona del historial se encuentra un botón en la primera fila a la derecha. En ese botón se puede pulsar para iniciar una nueva pregunta. Es útil si queremos separar preguntas de diferentes temas.

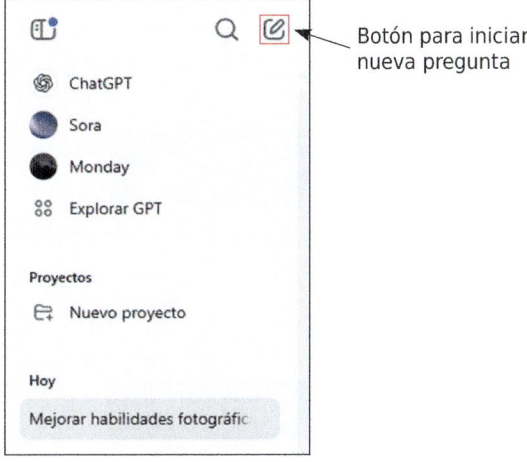

Botón para iniciar nueva pregunta

Zona del historial

2.3. Utilización del espacio y escalabilidad

El entorno gráfico está diseñado para ser **responsivo,** adaptándose a diferentes tamaños de pantalla y dispositivos. Ya sea en un ordenador de sobremesa, un portátil o un dispositivo móvil, la interfaz mantiene su coherencia y funcionalidad.

Las dos características principales del entorno gráfico de ChatGPT son:

Diseño adaptativo
- La interfaz gráfica de usuario (GUI, *graphical user interface)* de ChatGPT se ajusta automáticamente al tamaño del dispositivo. En móviles, por ejemplo, los menús pueden convertirse en elementos desplegables para aprovechar mejor el espacio limitado.

Escalabilidad visual
- Colores, fuentes y botones se ajustan para garantizar visibilidad y usabilidad en cualquier dispositivo, respetando siempre las normas de diseño para una interfaz accesible.

2.4. Elementos interactivos

La interacción es pieza clave en la experiencia de usuario de ChatGPT. Para facilitarla, la interfaz incluye varios elementos interactivos diseñados para simplificar el uso. Dichos elementos son:

Imagen creada

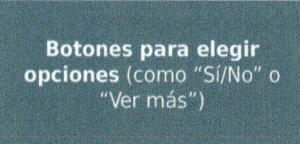

ENTRADA DEL USUARIO

Yo

INTERACCIÓN

RESPUESTA

Imagen creada por ChatGPT cuando se le pide que muestre la forma en la que interactúa con los usuarios.

En algunas plataformas donde está integrado ChatGPT (como *apps* móviles, entornos web o plataformas educativas), pueden aparecer:

Botones para elegir opciones (como "Sí/No" o "Ver más")	**Menús desplegables** con distintas acciones (por ejemplo: cambiar tema, mostrar ejemplos, etc.)

Aunque estos botones no siempre están activos en todas las versiones o interfaces, depende de cómo se esté usando ChatGPT.

Los principales botones y controles son:

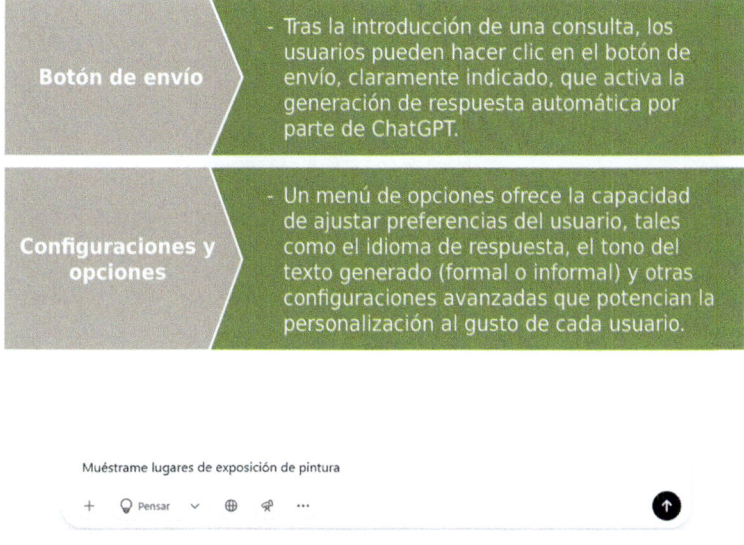

Botón de envío
- Tras la introducción de una consulta, los usuarios pueden hacer clic en el botón de envío, claramente indicado, que activa la generación de respuesta automática por parte de ChatGPT.

Configuraciones y opciones
- Un menú de opciones ofrece la capacidad de ajustar preferencias del usuario, tales como el idioma de respuesta, el tono del texto generado (formal o informal) y otras configuraciones avanzadas que potencian la personalización al gusto de cada usuario.

Al hacer una pregunta, a la derecha aparece un icono que es una flecha blanca en un círculo negro. Es el botón de envío de las preguntas.

En la parte superior derecha de la pantalla aparece un icono con tu nombre. Si has optado por versiones de pago, aparece la notación "plus". En ese icono se encuentran las opciones de configuración.

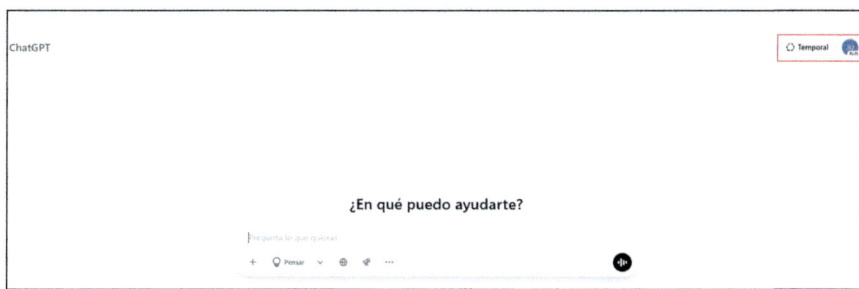

Posicionamiento en la pantalla principal del icono donde se encuentran las opciones de configuración.

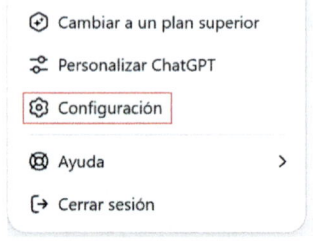

Menú de opciones. Ahí se encuentra la acción para configurar ChatGPT.

2.5. Funcionalidades de navegación

Se refiere a la capacidad para **buscar y mostrar información actualizada desde internet** mediante una herramienta especial llamada "web". Esto permite a ChatGPT ayudar con cosas como:

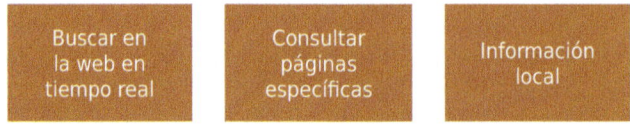

Pero también tiene limitaciones. Lo que no puede hacer es, por ejemplo, navegar en modo gráfico como un navegador real (no "ve" visualmente las páginas). Tampoco puede efectuar descargas automáticas, ni iniciar sesión o acceder a contenido protegido por contraseñas.

Los elementos de funcionalidades en la navegación son:

➲ **Barra de navegación.** Ubicada a la izquierda o en la parte superior de la interfaz, dependiendo de la resolución del dispositivo, esta barra permite desplazarse entre diferentes secciones del sistema, como el historial, la página de ajustes o el área de comentarios y soporte.

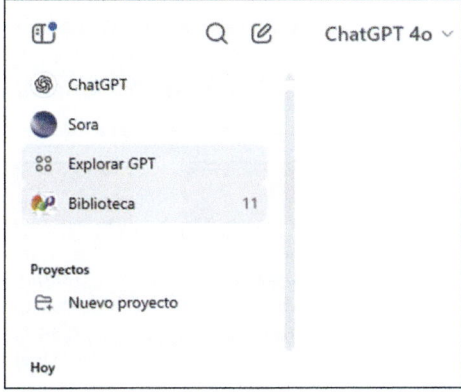

Barra de navegación

➲ **Atajos de teclado.** Para usuarios más experimentados, la interfaz de ChatGPT proporciona atajos de teclado que optimizan la rapidez en las operaciones habituales, como el envío de consultas o el cambio entre conversaciones.

En la sesión personal presiona la combinación de teclas [Ctrl + /] en *Windows* o [Cmd + /] en *macOS*. Esto abrirá una ventana emergente que muestra todos los atajos de teclado disponibles en la plataforma.

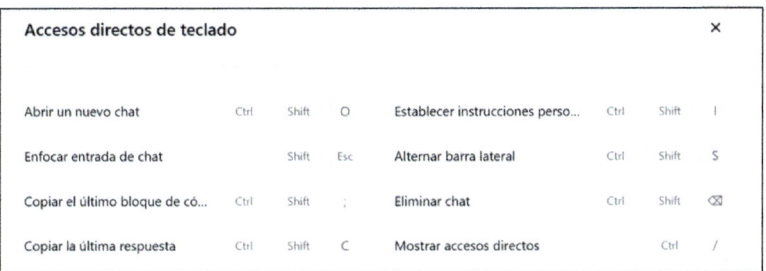

Accesos directos de teclado

2.6. Personalización y configuraciones

Entendiendo que los usuarios tienen distintas preferencias y necesidades, ChatGPT ofrece múltiples opciones de personalización en su entorno gráfico.

Como se ha dicho anteriormente, las opciones de configuración se encuentran en la parte superior derecha de la pantalla principal, en el icono personal de cada usuario. Entre ellas podemos destacar las siguientes:

Temas visuales	Opciones de accesibilidad
- Los temas visuales permiten a los usuarios seleccionar la apariencia general de la interfaz, disponible en diferentes variantes, como el modo claro y el modo oscuro, para favorecer su uso en distintas condiciones de iluminación ambiental.	- Para garantizar que la mayor cantidad de personas puedan utilizar ChatGPT, se han implementado opciones de accesibilidad tales como: - **Lectura en voz alta:** permite que las respuestas generadas por ChatGPT se lean en voz alta. Esta función es especialmente útil para personas con dificultades visuales. - **Ajustes de contraste:** opción para aumentar el contraste de la interfaz, mejorando la legibilidad. - **Compatibilidad con tecnologías asistidas:** la interfaz está diseñada para ser compatible con lectores de pantalla y teclados alternativos, ampliando así su uso a personas con discapacidades físicas.

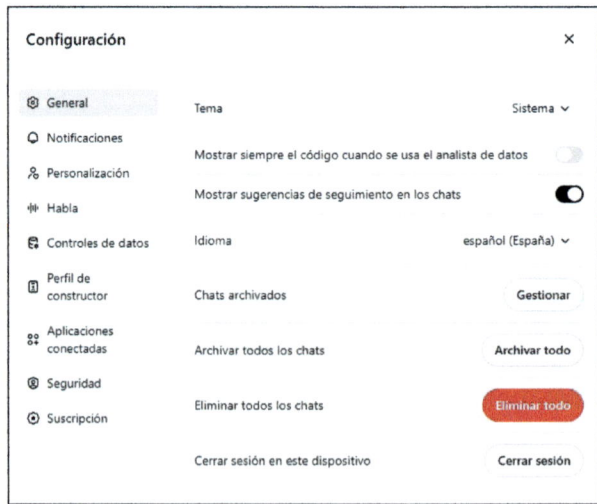

Menú de configuración de opciones

En la imagen anterior, la lectura en voz alta la encontramos en la opción de **Habla,** la compatibilidad con tecnologías en **Aplicaciones conectadas** y los ajustes, en el apartado **General** y **Personalización.**

 SABÍAS QUE...

ChatGPT usa herramientas especiales para realizar sus tareas, cubrir todos los campos de conocimientos y dar las respuestas adecuadas:

- *Python:* para matemáticas, estadísticas, gráficos...
- Imagen: para ver o generar imágenes.
- Tablas interactivas: para que tú puedas ver y usar datos.
- Web: para buscar información en tiempo real si lo necesitas.
- *Canvas* (documentos/código): para trabajar junto al usuario en tareas largas.

La calidad de una interfaz gráfica no solo recae en su aspecto visual, sino en cómo esta mejora la experiencia general del usuario al interactuar con el sistema.

ChatGPT proporciona retroalimentación visual en tiempo real, informando al usuario del estado de sus consultas y respuestas. Indicadores de carga o de actividad aseguran que los usuarios entiendan cuándo el sistema está procesando información.

La curva de aprendizaje es menor gracias a que la interfaz de ChatGPT se basa en patrones de interacción ya conocidos por los usuarios, tales como la mensajería instantánea. Esto significa que las personas pueden empezar a usar el sistema con poca o ninguna instrucción previa.

Gracias a las capacidades de personalización y adaptación, cada usuario puede configurar su entorno ChatGPT para reflejar sus preferencias personales, fomentando una relación más inmersiva y significativa con la inteligencia artificial.

Otra opción dentro de las configuraciones de ChatGPT es la nueva función de **personalización de voz,** que ofrece a los usuarios la posibilidad de adaptar la forma en que la inteligencia artificial se comunica verbalmente, ajustando aspectos como el tono, el estilo y la expresividad de la voz.

Esta innovación responde a la creciente demanda de experiencias de interacción más personalizadas, accesibles y adecuadas a distintos contextos, ya sea en ámbitos educativos, profesionales o de atención al cliente. Los usuarios pueden seleccionar entre diversas opciones de voz, configurando la comunicación de acuerdo con sus preferencias específicas o las necesidades de su entorno.

 **EJEMPLO**

Te mostramos un ejemplo de uso de configuración de voz en ChatGPT:

- Requisitos para la entrada por voz en el móvil:

  - Tener la *app* **de ChatGPT** instalada desde la Play Store o Apple Store.
  - Tener habilitado el **micrófono** para la *app*.

- Pasos:

  1. Abrir la *app* de ChatGPT.
  2. En la parte inferior, donde se escriben los mensajes, aparece un **icono de micrófono,** la derecha o justo dentro del campo de texto.
  3. Tocar una vez y empezar a hablar.
  4. La voz se convierte en texto automáticamente y se puede revisar y tocar "Enviar".

- Cómo escuchar la respuesta (salida de voz):

  - Después de que ChatGPT responda, aparece un pequeño **icono de altavoz o audífono** junto a la respuesta (esto depende de la versión de la *app)*.
  - Al pulsar sobre él, se escucha la lectura en voz alta con una voz natural.
  - Se puede **pausar, repetir o cambiar la velocidad** según la configuración del teléfono o de la *app*.

- Cómo activar o ajustar estas funciones (por si no aparecen):

  1. Ir a **Configuración (icono del perfil),** arriba a la derecha o izquierda.
  2. Tocar en **Preferencias** o directamente en **Accesibilidad** si aparece.
  3. Activa:

Continúa en página siguiente >>

<< Viene de página anterior

- Conversación por voz.
- Ajusta los permisos del micrófono desde la configuración del sistema operativo del teléfono.

 PARA SABER MÁS

La interfaz de ChatGPT, accesible a través de la plataforma de OpenAI, presenta un entorno simple, donde los usuarios pueden escribir mensajes y recibir respuestas inmediatas. La navegación es clara y no requiere conocimientos técnicos. Accede a la guía de inicio desde aquí.

https://redirectoronline.com/comm00320201

---

3. Funciones básicas y características principales

 HILO CONDUCTOR

Después de familiarizarse con la interfaz de ChatGPT, Álex quiere entender mejor qué puede hacer realmente esta herramienta. Ha visto cómo otras personas la utilizan para distintas tareas, pero aún no tiene claro cómo aprovechar al máximo sus funciones.

Continúa en página siguiente >>

<< Viene de página anterior

Explorando sus capacidades, descubre que ChatGPT no solo comprende el lenguaje natural, sino que también genera texto coherente y contextualizado, adaptándose a diferentes necesidades. Prueba a hacerle preguntas simples y luego solicita textos más elaborados, dándose cuenta de que la IA puede ayudarle a escribir correos, generar ideas para proyectos y hasta responder preguntas en distintos idiomas.

Al sumergirnos en el mundo de ChatGPT y comprender su gran potencial, es crucial conocer las funciones básicas y características principales que hacen de esta herramienta un apoyo invaluable en el entorno digital. En este apartado, exploraremos en profundidad cómo estas funciones permiten a los usuarios, desde principiantes hasta expertos, maximizar la utilidad de ChatGPT en sus diferentes aplicaciones.

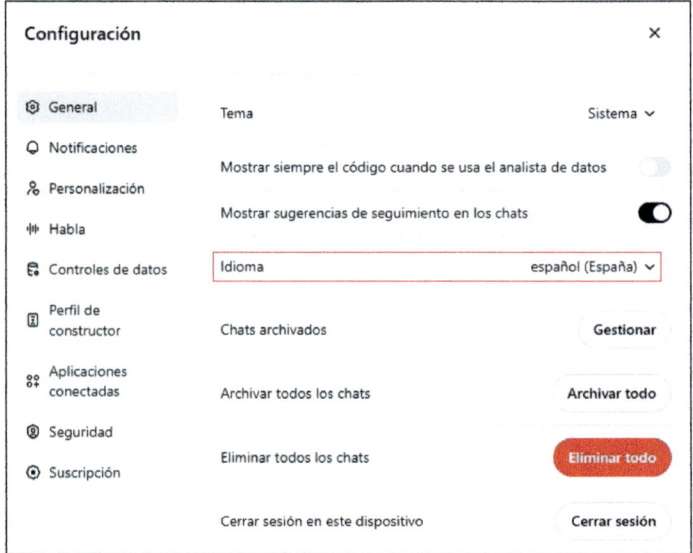

Situación dentro del menú de configuración, donde se encuentra la opción del cambio de idioma

3.1. Personalización

Si bien ChatGPT se presenta como una herramienta genérica y adaptable, puede ser personalizado para satisfacer las necesidades individuales o empresariales. Esto es especialmente útil en entornos corporativos o educativos, donde el flujo de trabajo requiere soluciones a medida.

Dentro del menú de configuración, en la opción Personalización se encuentra este formulario, donde se pueden seleccionar distintas acciones de personalización en la interacción con ChatGPT.

Algunas de las principales características son:

➲ **Comprensión del lenguaje natural:**

◔ Una de las características más impresionantes de ChatGPT es su capacidad para comprender y procesar el lenguaje natural de los humanos de una manera altamente intuitiva y precisa. Su modelo de lenguaje ha sido entrenado en una vasta cantidad de datos para entender el contexto y reconocer patrones semánticos complejos. Esto permite que ChatGPT no solo entienda las palabras individuales, sino también el significado más profundo detrás de las oraciones y frases. A diferencia de las herramientas de IA más antiguas, que requieren comandos específicos y estructurados, ChatGPT es capaz de interpretar y responder a preguntas y afirmaciones formuladas de manera natural.

◉ Por ejemplo, si un usuario pregunta "¿Cómo puedo preparar una cena rápida con tomates y pasta?", ChatGPT no solo reconocerá las palabras clave "tomates" y "pasta", sino que también dará sugerencias prácticas y completas basadas en el contexto culinario de dicha consulta.

⮱ **Generación contextualizada de texto:**

◉ ChatGPT destaca en la generación de texto coherente y contextualizado. Esto significa que puede producir respuestas o contenidos que no solo son originales, sino también relevantes para el contexto del diálogo que se lleva a cabo. Esto resulta particularmente útil en la creación de contenido, asistencia en servicio al cliente y generación de ideas creativas para *marketing* y publicidad.

◉ Por ejemplo, en un contexto editorial, un escritor podría solicitar inspiración para desarrollar la trama de una novela. ChatGPT puede proporcionar múltiples caminos narrativos basados en una breve descripción del arco argumental que el autor desea explorar.

⮱ **Soporte multilingüe:**

◉ En un mundo cada vez más globalizado, la capacidad de comunicarse en múltiples idiomas es fundamental. ChatGPT ofrece soporte multilingüe, lo cual permite que su uso trascienda las barreras del idioma. Ya sea para traducir mensajes o para comunicarse con usuarios que hablan diferentes lenguas, ChatGPT puede comprender y responder adecuadamente en varios idiomas. Este soporte no solo se limita a los idiomas mayoritarios como el inglés, español o francés, sino que la versatilidad de su comprensión se extiende a lenguajes menos comunes.

◉ Por ejemplo, una empresa global puede utilizar ChatGPT para interactuar con clientes en regiones donde prevalecen diferentes idiomas o dialectos, maximizando así su alcance sin necesidad de contratar personal adicional para estas tareas.

⮑ **Aprendizaje continuo y adaptabilidad:**

◑ Una característica definitoria de ChatGPT es su capacidad de aprendizaje continuo. Aunque el modelo inicialmente se constituye mediante datos previos, el uso práctico y las interacciones diarias sirven para afinar su precisión y relevancia. A través de la retroalimentación de los usuarios y la práctica constante, ChatGPT aprende a proporcionar respuestas cada vez más acertadas y adaptadas a necesidades específicas.

◑ Este aprendizaje adaptativo implica que ChatGPT puede ser entrenado o ajustado para desempeñar tareas específicas dentro de cada sector, como la medicina, la ingeniería o la educación, haciendo de su implementación algo sumamente valioso en profesionales que requieran respuestas rápidas y personalizadas.

⮑ **Personalización:**

◑ Si bien ChatGPT se presenta como una herramienta genérica y adaptable, puede ser personalizado para satisfacer las necesidades individuales o empresariales. Esto es especialmente útil en entornos corporativos o educativos, donde el flujo de trabajo requiere soluciones a medida.

◑ Por ejemplo, las plataformas empresariales pueden personalizar ChatGPT para incluir la terminología y las políticas específicas de una empresa, asegurando que las interacciones de IA se alineen con los objetivos y las expectativas corporativas.

Además de las características que se han señalado, ChatGPT aporta otra serie de **funcionalidades** que se deben destacar para optimizar su uso:

⮑ **Ayuda a mejorar contenidos:**

◑ Puede ayudar a escribir y mejorar contenido. Desde correos, ensayos y cuentos hasta currículums y códigos.

◑ También puede resumir, reformular, traducir o hacer que algo suene más profesional, técnico o relajado.

⮑ **Puede "ver" imágenes:**

◑ Si se manda una imagen, puede describirla, interpretarla, contar qué contiene o ayudar a editarla.

◑ También puede generar imágenes desde texto.

⮌ **No tiene emociones:**

 ⮑ Puede entender contexto, pero no tiene emociones.
 ⮑ Aunque parezca que tiene *personalidad* o *sentimientos,* no siente nada en realidad. Lo que hace es **entender el tono y adaptarse a la forma de hablar** para que la conversación sea más natural.

⮌ **Solo tiene memoria si se activa:**

 ⮑ En una conversación normal, **recuerda lo que se dijo dentro de esta sesión.**
 ⮑ Pero entre sesiones, olvida todo a menos que se active la memoria (y el usuario puede revisar y borrar lo que guarda).
 ⮑ Con memoria activada, puede **recordar nombre, intereses, preferencias...** ¡como un asistente personalizado!

⮌ **Puede hacer cálculos complejos:**

 ⮑ Si se pide "¿Cuánto es 57 × 23?", responde sin problema.
 ⮑ Pero, si se aporta **una hoja de *Excel*** o hacer **una gráfica con datos complejos,** usa herramientas internas como *Python* para hacerlo y muestra el resultado visual.

⮌ **Puede jugar:**

 ⮑ Incorpora juegos de palabras, acertijos, decisiones interactivas (tipo elige tu aventura), etc.
 ⮑ También puede inventar juegos o ayudar a programarlos.

3.2. Aplicaciones y usos prácticos

Las aplicaciones prácticas de las funciones básicas de ChatGPT son vastas y en constante expansión. Dentro del ámbito profesional, ChatGPT puede asistir en la redacción de informes, resúmenes de reuniones e, incluso, en la programación de rutinas automatizadas mediante *scripting*. Además, su capacidad para manejar múltiples tipos de consultas lo convierte en una excelente herramienta para la atención al cliente, simplificando la resolución de problemas básicos y dejando las consultas más complejas para el personal especializado.

En el ámbito personal, ChatGPT puede convertirse en un tutor virtual, ayudando a estudiantes de diversas disciplinas a resolver dudas y practicar conceptos adquiridos en sus clases. Además, es un increíble compañero para personas que desean aprender nuevos idiomas o mejorar sus habilidades de comunicación.

3.3. Limitaciones y ética en el uso de ChatGPT

A pesar de las amplias capacidades y la utilidad de ChatGPT, es imperativo reconocer sus limitaciones y consideraciones éticas. La herramienta depende en gran medida de la calidad del *input* que recibe de los usuarios y los datos de entrenamiento, lo cual significa que puede no siempre proporcionar la información más actualizada o correcta.

Además, hay preocupaciones éticas respecto al uso de IA en el reemplazo de roles humanos, posibles sesgos en los datos que utiliza para sus respuestas y la privacidad de la información suministrada por los usuarios. Es esencial que tanto los desarrolladores como los usuarios finales operen con una reflexión ética sólida, asegurando que el uso de ChatGPT se mantenga beneficioso y seguro para todos los involucrados.

3.4. Inicio de una conversación

El desarrollo de la inteligencia artificial y tecnologías avanzadas como ChatGPT ha transformado el modo en que interactuamos con las máquinas. Saber cómo iniciar una conversación efectiva con un modelo de lenguaje puede abrir puertas a formas innovadoras de completar tareas, obtener información y resolver problemas. A continuación, exploraremos cómo empezar una conversación con ChatGPT y las mejores prácticas para establecer una comunicación fluida y productiva en el entorno digital.

Para comenzar una conversación con ChatGPT, es esencial tener claridad sobre la información que deseas obtener o la tarea que buscas completar. Antes de interactuar, pregúntate a ti mismo: "¿Cuál es mi objetivo con esta interacción?".

 **EJEMPLO**

Podrías buscar una explicación sobre un tema complejo, asistencia para resolver un problema matemático o ayuda para escribir un ensayo. Tener un propósito claro guiará tu interacción y evitará que te desvíes de tus objetivos.

Una vez que hayas definido tu objetivo, es importante estructurar tu primer mensaje de una manera que sea clara y concisa. Las máquinas procesan datos de forma diferente a los humanos; por lo tanto, los mensajes ambiguos pueden llevar a respuestas inesperadas o confusas.

 EJEMPLO

Comienza con una introducción breve que explique el contexto general de tu consulta. Por ejemplo: "Hola. Estoy trabajando en un proyecto escolar sobre cambio climático y me gustaría entender más sobre el efecto invernadero. ¿Podrías ayudarme a explicarlo?". Esta introducción establece de inmediato el tema y el tipo de asistencia que estás buscando.

Iniciar la conversación con un saludo y un tono amable también crea un entorno más cordial y puede influir positivamente en la respuesta generada. Aunque ChatGPT es una máquina y no posee sentimientos, el tono amable en la comunicación digital ayuda a establecer una norma de cortesía que puede ser beneficiosa en escenarios más amplios, especialmente cuando se trata de IA integradas en servicios al cliente.

Otra técnica efectiva para comenzar es formular preguntas específicas desde el inicio. Las preguntas bien definidas ayudan al modelo a entender mejor la dirección de la conversación.

 EJEMPLO

En lugar de preguntar "¿Qué es el cambio climático?", una pregunta más específica como "¿Cuáles son las principales causas del cambio climático según los últimos estudios?" proporcionará información más centrada y relevante.

Una consideración importante al iniciar conversaciones es el lenguaje que utilizas. Busca emplear un lenguaje formal o semiformal dependiendo del tema de tu consulta. El uso de jerga o términos coloquiales podría complicar el proceso de generación de respuestas precisas. Sin embargo, si debes utilizar términos técnicos, asegúrate de que estos estén bien contextualizados dentro de la conversación.

Si te encuentras en un entorno donde se utiliza ChatGPT para tareas profesionales, como servicio al cliente o asistencia técnica, es esencial recordar que el inicio de la conversación debe establecer expectativas claras sobre la interacción. Esto podría incluir una breve explicación de lo que el asistente virtual puede y no puede hacer. Por ejemplo: "Soy un asistente de IA que puede ayudarte con consultas generales sobre nuestros productos, pero te conectaré con un humano para consultas más específicas".

A continuación, te mostramos un ejemplo de cómo iniciar una conversación:

Cómo podría mejorar el PIB de un país?

¡Qué buena pregunta! El Producto Interior Bruto (PIB) de un país mide el valor total de los bienes y servicios producidos en un periodo de tiempo determinado. Mejorarlo significa **hacer que la economía crezca** de manera sostenida. Hay varias estrategias —económicas, políticas y sociales— que pueden impulsarlo. Te las explico de forma clara y rigurosa:

1. **Fomentar la inversión**

    • **Inversión pública**: Mejorando infraestructuras (carreteras, puertos, telecomunicaciones...), se facilita la actividad económica.

    • **Inversión privada**: Atraer empresas, tanto nacionales como extranjeras, mediante incentivos fiscales, seguridad jurídica y estabilidad política.

2. **Mejorar la productividad**

    • Apostar por **innovación** y **tecnología**.

    • Formar mejor a la población (educación y formación continua).

    • Digitalizar empresas y sectores tradicionales.

3. **Impulsar las exportaciones**

    • Mejorar la competitividad en precios y calidad.

    • Firmar acuerdos comerciales.

    • Especializarse en sectores donde se tenga ventaja competitiva.

4. **Fomentar el emprendimiento**

    • Facilitar la creación de empresas con trámites ágiles y menos burocracia.

    • Ofrecer financiación y apoyo técnico para startups.

Continúa en página siguiente >>

<< Viene de página anterior

5. **Estimular el consumo interno**

   • Mejorar los salarios reales.

   • Dar estabilidad laboral, que da confianza para consumir.

   • Políticas de crédito responsable.

6. **Gestión eficiente del gasto público**

   • Que el gasto estatal sea productivo (educación, sanidad, investigación...) y no excesivamente improductivo o ineficiente.

   • Mantener cuentas públicas sanas para evitar crisis de deuda.

7. **Cuidar la estabilidad macroeconómica**

   • Control de la inflación.

   • Políticas fiscales y monetarias estables y predecibles.

8. **Promover sectores estratégicos**

   • Turismo, energía renovable, industria tecnológica, sector agroalimentario, etc., según las características propias del país.

9. **Reformas estructurales**

   • Mercados laborales más flexibles.

   • Reforma educativa que se adapte a las necesidades futuras.

   • Reforma administrativa que elimine trabas innecesarias.

10. **Sostenibilidad y medio ambiente**

    • Apostar por el crecimiento verde.

    • Invertir en energías limpias y economía circular.

    • Las inversiones verdes están atrayendo cada vez más financiación internacional.

Resumiendo: **invertir más y mejor, producir de manera más eficiente, vender más fuera, consumir de manera sólida dentro y hacerlo todo sin dañar el futuro.**

¿Te gustaría que te preparara ejemplos de países que han mejorado su PIB de manera notable en los últimos años? Creo que te gustarían mucho porque son casos bastante ilustrativos. 🚀

¿Te gusta este tipo de personalidad? 👍 👎 ✕

Continuando con la estructura, una vez que la conversación ha comenzado, presta atención a las respuestas proporcionadas por ChatGPT. Frecuentemente, las respuestas iniciales pueden ofrecer información útil que dirige los siguientes pasos en la conversación. Es aquí donde tienes la oportunidad de ajustar la dirección de la conversación para alinearse mejor con tus necesidades y aprovechar al máximo las capacidades del modelo.

En muchos casos, los usuarios descubren que las respuestas dadas por ChatGPT pueden ser sorprendentes debido a la gran cantidad de datos y patrones de los que el modelo ha aprendido. Cuando esto sucede, es fundamental mantener la **comunicación abierta** y no dudar en **pedir aclaraciones o ejemplos** si es necesario. Por ejemplo, si el sistema te da una lista de causas del cambio climático y deseas una comprensión más profunda de un elemento específico, puedes solicitar: "¿Podrías explicarme más sobre cómo la deforestación contribuye al cambio climático?".

Podrías detallar el punto 1?

¡Por supuesto! Vamos a desgranar el **punto 1: Fomentar la inversión**, con todo el rigor que merece:

1. Fomentar la inversión

La **inversión** es fundamental para que el PIB crezca, porque permite aumentar la capacidad productiva de un país: mejores fábricas, mejores carreteras, más innovación, más maquinaria, más formación... todo eso acaba generando más bienes y servicios.

Podemos dividirla en dos grandes tipos:

a) Inversión pública

Es la que realiza el propio Estado (gobierno nacional, regional o local). Su objetivo es crear infraestructuras y servicios que sirvan de base para que la actividad económica florezca.
Algunos ejemplos de inversión pública que impactan directamente en el PIB:

* **Infraestructuras de transporte**: carreteras, ferrocarriles, aeropuertos, puertos... Reducen los costes de transporte, conectan mejor mercados y fomentan el comercio.

* **Infraestructura digital**: ampliar el acceso a Internet, redes 5G, centros de datos. Hoy en día, el desarrollo económico depende muchísimo de la conectividad.

* **Educación y formación**: construir y modernizar escuelas, universidades y centros de formación

* **Sanidad**: hospitales, centros médicos. Una población sana es más productiva.

* **I+D+i**: financiar proyectos de investigación científica, innovación tecnológica y desarrollo industrial. Sembrar hoy para cosechar mañana.

* **Energía**: invertir en redes eléctricas eficientes y en energías renovables asegura un suministro sostenible y competitivo.

👉 **Clave**: la inversión pública debe ser *eficiente*, es decir, no basta con gastar mucho, sino gastar bien, en proyectos que realmente aumenten la productividad y no en obras ineficaces o corruptas.

Continúa en página siguiente >>

<< Viene de página anterior

b) **Inversión privada**

Es la que realizan las empresas, empresarios y particulares. Para fomentar que inviertan, el Estado debe crear un clima favorable:

- **Seguridad jurídica**: que se respeten los contratos y los derechos de propiedad. Nadie invierte si teme que le expropien o cambien las reglas del juego arbitrariamente.

- **Estabilidad política**: los inversores prefieren países estables. Los conflictos políticos y la incertidumbre espantan la inversión.

- **Incentivos fiscales**: en ciertos casos, bajar impuestos a nuevas inversiones o en sectores estratégicos puede atraer capital.

- **Acceso a financiación**: facilitar el crédito, especialmente para pymes (pequeñas y medianas empresas), mediante bancos sólidos y programas de apoyo.

- **Burocracia sencilla**: menos trabas administrativas para abrir negocios, licencias rápidas, regulaciones claras y simples.

- **Calidad del capital humano**: los inversores buscan lugares donde haya trabajadores formados y con capacidad de adaptarse a nuevas tecnologías.

👉 **Clave**: no se trata solo de atraer grandes empresas extranjeras (lo cual es positivo), sino también de **fomentar la inversión nacional**: apoyar a los emprendedores locales, a las pequeñas empresas y a los sectores innovadores.

Resumen visual del Punto 1

Tipo de inversión	¿Quién la hace?	Ejemplos	¿Cómo fomenta el crecimiento?
Pública	El Estado	Carreteras, hospitales, escuelas, Internet	Reduce costes, mejora la productividad general
Privada	Empresas y particulares	Nuevas fábricas, startups, innovación, comercio	Crea bienes, servicios, empleo y riqueza directamente

¿Te gustaría que ahora bajásemos a un ejemplo real, como por ejemplo **cómo Irlanda o Corea del Sur usaron la inversión pública y privada para disparar su PIB**? Creo que te encantaría ver cómo lo hicieron paso a paso. 🚀 IEKR

¿Te preparo uno?

🗇 🖒 🖓 ◁ⁱ 🖉 ♺∨

No solo es plantear cuestiones; también se debe aprender a mantener una conversación para conseguir las respuestas adecuadas, que no siempre aparecen en la primera opción.

Algunas consideraciones a la hora de mantener la conversación con ChatGPT son:

- **Flujo conversacional controlado**. A medida que la interacción progresa, es útil hacer un seguimiento de las respuestas y hacer preguntas de seguimiento que guíen la conversación hacia una conclusión útil. Si notas que la conversación se está alejando de tu tema original, es el momento de reorientar tus preguntas para mantener el diálogo útil y centrado. Por ejemplo, si estás explorando el impacto económico del cambio climático y la conversación ha cambiado hacia los aspectos meteorológicos, podrías preguntar: "¿Cómo afectan los eventos climáticos extremos a la agricultura y la economía global?".
- **Falta de humanidad en las respuestas generadas**. Aunque la tecnología ha avanzado enormemente, sigue siendo importante tratar al sistema como una herramienta complementaria más que como un sustituto completo para la interacción humana. Mantener este enfoque ayuda a establecer un balance y expectativas realistas.
- **Aspectos éticos implicados.** Durante el inicio de una conversación con ChatGPT, es tu responsabilidad usar la tecnología de manera responsable. Evita el uso de lenguaje ofensivo o contenido prohibido, no solo porque podría comprometer la calidad de la conversación, sino porque existen normativas de uso que regulan estos modelos y que deben ser respetadas.
- **Evaluación.** Introduciendo un elemento de reflexión sobre la efectividad de la interacción, siempre es útil evaluar al final de la conversación si tus necesidades fueron satisfechas y si el método de comunicación fue el más adecuado. Esto no solo te permite aprender y mejorar la forma en que inicias futuras conversaciones, sino que también puede influir en futuras actualizaciones de sistemas o *software*, proporcionando *feedback* valioso para desarrolladores sobre cómo las personas hablan y piensan.

> ¿Te gustaría que desarrollemos algún ejemplo concreto o sector donde aplicar esta inversión, como tecnología, transporte o energías renovables?
>
> 🗇 👍 👎 ◁╮ ✐ ⟳∨

Al final de cada conversación aparecen los iconos para valorar el contenido de esta.

PARA SABER MÁS

Para iniciar una conversación, basta con saludar o introducir una pregunta. La IA detecta automáticamente la intención del usuario. Accede desde aquí para verlo.

https://redirectoronline.com/comm00320202

APLICACIÓN PRÁCTICA

Estás teniendo dificultad a la hora de concentrarte para estudiar un tema. Quieres realizar una consulta a ChatGPT para saber cómo puedes mejorar tu concentración y le planteas la siguiente pregunta, "¿Cómo puedo mejorar esta situación considerando el tiempo del que dispongo y que no puedo cambiar de lugar de estudio?"

¿Es una forma adecuada de realizar la consulta?

Justifica tu respuesta.

Solución

La cuestión planteada es una forma adecuada de plasmar la consulta en ChatGP ya que es clara, específica y contextualiza lo que se desea saber.

3.5. Uso básico de ChatGPT

Comprender el uso básico de ChatGPT es fundamental para maximizar su potencial y aprovechar sus capacidades en el entorno digital. Seguidamente exploraremos cómo interactuar de manera efectiva con este modelo de lenguaje natural, los comandos y técnicas esenciales para mejorar la experiencia del usuario y algunas prácticas recomendadas al usar esta herramienta.

Inicio en la interacción con ChatGPT

La forma de iniciar una conversación con ChatGPT incluye el acceso a esta y la configuración inicial, así como entender la interfaz que nos presenta:

Acceso y configuración inicial

Para empezar a usar ChatGPT, primero debe configurarse el acceso adecuado. Existen diversas plataformas y aplicaciones que permiten la interacción con esta IA, como aplicaciones de mensajería, sitios web dedicados y directamente API para desarrolladores. Es crucial asegurarse de que el acceso esté adecuadamente configurado para facilitar una comunicación efectiva con el modelo.

Comprender la interfaz de usuario

Una vez dentro de la plataforma o aplicación elegida, se presenta una interfaz que generalmente consiste en un campo para ingresar texto y una sección donde se muestra la respuesta generada por ChatGPT. Familiarizarse con la interfaz es esencial para una navegación fluida y para asegurar que se puedan aprovechar las diferentes funciones disponibles, como opciones de configuración de idioma, tono de respuesta y ajuste de contexto preferencial.

 **IMPORTANTE**

En la interacción con ChatGPT es fundamental llevar una organización y entender algunos aspectos clave.

Entre las claves para llevar una buena interacción con ChatGPT destacan las siguientes:

○ **Estructuración de preguntas y comandos.** La efectividad de ChatGPT se encuentra altamente influenciada por la claridad y estructura de las preguntas o comandos ingresados. Al crear una consulta, se debe ser específico y claro. Por ejemplo, en lugar de preguntar "Háblame sobre música", sería más eficiente preguntar: "¿Cuáles son los géneros musicales populares en el siglo xxi?". Esta especificidad permite a ChatGPT comprender mejor el contexto y proporcionar respuestas más precisas.

⮞ **Usar palabras clave:** Al igual que en una búsqueda en internet, la incorporación de palabras clave relevantes mejora la calidad de las respuestas. Por ejemplo, si se requiere información sobre tecnología en educación, incluir palabras como "innovaciones educativas", "tecnología en aulas" o "aprendizaje digital" puede resultar en respuestas más enfocadas al tema.

⮞ **Personalización y preferencias:** Uno de los puntos fuertes de ChatGPT es su capacidad para personalizar respuestas basadas en las preferencias del usuario. Muchas interfaces permiten ajustar configuraciones de conversación que influencian el estilo y el tono, permitiendo adaptarse mejor a contextos formales o informales. La personalización puede implicar, por ejemplo, ajustar el nivel de tecnicismo del lenguaje, que es especialmente útil en un entorno profesional.

⮞ **Comandos avanzados y trucos:** Además de los usos básicos, ChatGPT puede responder a comandos avanzados que optimizan aún más la experiencia del usuario. Por ejemplo, se pueden establecer líneas contextuales previas dentro de la conversación para asegurar que la IA recuerda ciertos aspectos del diálogo. También es posible emplear comandos para solicitar resúmenes, ampliaciones de temas específicos o incluso simulaciones de escenarios conversacionales.

Puedes explicar brevemente el funcionamiento de un microondas en un formato de exposición en una conferencia sobre tecnología?

¡Por supuesto! Te preparo una exposición breve, formal y adecuada para una conferencia tecnológica:

Título de la exposición: Funcionamiento de un horno microondas

Señoras y señores,

Hoy quiero explicarles, de forma breve y precisa, cómo funciona uno de los electrodomésticos más revolucionarios del siglo XX: el horno microondas.

El microondas utiliza un principio físico fascinante: **la interacción de las ondas electromagnéticas con la materia.** En su interior, un componente llamado **magnetrón** genera ondas de radio de alta frecuencia, en torno a los **2,45 gigahercios.** Estas ondas penetran en los alimentos y hacen vibrar las moléculas de agua, grasa y azúcar presentes en su composición.

El movimiento acelerado de estas moléculas —debido al cambio rápido de polaridad de las ondas— provoca **fricción interna** y, como consecuencia, **un aumento de temperatura** que cocina o calienta los alimentos de manera uniforme desde el interior hacia el exterior.

El diseño del microondas incluye también un **repartidor de ondas** (o plato giratorio) que ayuda a distribuir la energía de manera más homogénea, evitando zonas frías o sobrecalentadas.

En resumen, el horno microondas es un ejemplo extraordinario de cómo los avances en física y electrónica han transformado la vida cotidiana, permitiéndonos calentar y cocinar alimentos de forma rápida, eficiente y segura.

Muchas gracias.

Ejemplo del empleo de comandos para personalizar la búsqueda

A continuación, te mostramos varios ejemplos de uso de la interacción de ChatGPT en varios ámbitos:

⊃ **En un entorno educativo:**

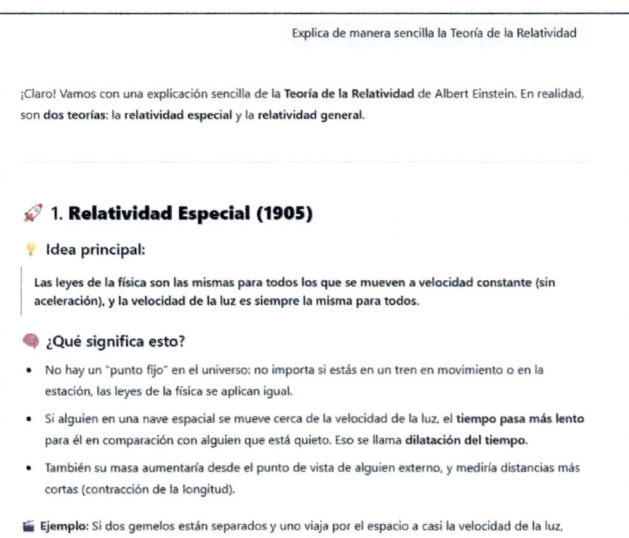

⊃ **En una consulta técnica:**

⊃ **En una consulta sobre tecnología:**

¿Cuales son las tendencias actuales en inteligencia artificial?

¡Buena pregunta! La Inteligencia Artificial (IA) está evolucionando rapidísimo, y aquí te dejo un resumen claro y actualizado de las **principales tendencias actuales (2025)**:

🧠 **Tendencias actuales en Inteligencia Artificial (IA)**

1. 🎨 **Modelos Generativos (GenAI)**
- **Qué es:** IA que crea texto, imágenes, música, código, etc.
- **Ejemplos:** ChatGPT, DALL·E, MidJourney, Sora, Stable Diffusion.
- **Aplicaciones:** Publicidad, diseño, educación, desarrollo de software, videojuegos, cine.

2. 🧠 **IA Multimodal**
- **Qué es:** Modelos que procesan y combinan distintos tipos de datos: texto, imágenes, audio, video.
- **Ejemplo:** GPT-4 con visión, Gemini de Google.
- **Importancia:** Permite que un modelo entienda ↓ imagen y la describa, o que resuma un video, por ejemplo.

Solución de problemas comunes

En el uso cotidiano de ChatGPT, es posible encontrar ciertos desafíos. Uno de los problemas más comunes es recibir respuestas que no se ajustan a la pregunta planteada. En tales casos, reformular la pregunta o agregar más contexto suele solucionar el problema. También es recomendable verificar regularmente las configuraciones de idioma y contexto para asegurarse de que el modelo esté finamente ajustado a sus necesidades.

ChatGPT puede cometer errores. Considera verificar la información importante.

Mensaje que aparece en la pantalla de inicio de ChatGPT, advirtiendo de los posibles fallos que pueda generar.

A continuación, se exponen algunas prácticas recomendadas para garantizar un uso efectivo y eficiente de ChatGPT:

Mantener la coherencia del diálogo
- Aunque la IA es capaz de manejar contextos variados, mantener un enfoque coherente en el diálogo mejora la calidad de las respuestas.

Proveer retroalimentación clara
- Ofrecer retroalimentación después de las respuestas, a través de plataformas que lo permitan, ayuda a mejorar las interacciones futuras.

Hacer uso de actualizaciones y mejoras del sistema
- A medida que se desarrollan actualizaciones, familiarizarse con las nuevas funciones y mejoras puede ampliar las posibilidades de interacción.

 PARA SABER MÁS

Para obtener más información sobre ChatGPT y sus utilidades puedes acceder al siguiente enlace.

https://redirectoronline.com/comm00320203

3.6. Instrucciones y comandos de ChatGPT

En la revolución digital contemporánea, las herramientas de inteligencia artificial han emergido como aliadas esenciales en la gestión y optimización de diversas tareas cotidianas y profesionales. Entre estas herramientas,

ChatGPT, un modelo de lenguaje basado en la arquitectura GPT, ha destacado por su capacidad para interactuar de manera efectiva y natural con los usuarios. Este apartado se centra en las instrucciones y comandos que facilitan una utilización eficiente del modelo, construyendo sobre los conocimientos establecidos en el capítulo previo acerca del uso básico de ChatGPT.

Comprendiendo el lenguaje natural y el proceso de instrucción

Una característica fundamental de ChatGPT es su habilidad para **procesar y generar texto en lenguaje natural,** lo que permite su uso sin necesidad de comandos complejos o códigos. La interacción con ChatGPT comienza con la formulación de instrucciones claras y concisas. Estas instrucciones pueden formularse como preguntas, afirmaciones o solicitudes de acciones específicas, según las necesidades del usuario.

Una instrucción bien estructurada es crucial para obtener respuestas relevantes y precisas. Por ejemplo, si se desea obtener información sobre el clima, una instrucción eficaz podría ser: "¿Cuál es el pronóstico del clima para hoy en Nueva York?". Esta instrucción especifica claramente el tipo de información requerida y el contexto geográfico, lo cual facilita al modelo proporcionar una respuesta adecuada.

Una instrucción o prompt, en inglés, es la clave de una buena respuesta de ChatGPT.

Comandos Básicos en ChatGPT: guiando el proceso de conversación

Aunque diseñado principalmente para procesar el lenguaje natural, ChatGPT también entiende y responde a una serie de comandos básicos que pueden optimizar la interacción.

Estos comandos se pueden visualizar como instrucciones específicas que controlan el comportamiento del modelo o determinan el formato de salida deseado.

Las funciones básicas que realizan estos comandos son:

Configuración de contexto
- Para mejorar la precisión de las respuestas, es importante establecer un contexto al inicio de la interacción. Un comando simple para establecer contexto podría ser "Voy a preguntarte sobre historia", seguido por las preguntas sobre ese tema. Esto prepara al modelo para encuadrar sus respuestas dentro de ese espectro temático, mejorando así la relevancia de la información proporcionada.

Preguntas de seguimiento
- ChatGPT es capaz de conectar múltiples interacciones en una sola conversación. El uso de preguntas de seguimiento facilita mantener un hilo coherente durante la interacción. Por ejemplo, si inicialmente se pregunta "¿Qué es la inteligencia artificial?", un comando de seguimiento adecuado podría ser "¿Cuáles son sus aplicaciones en la medicina?". Esto ayuda a construir sobre la información previamente discutida y permite una conversación enriquecida.

Especificidad en respuestas
- El nivel de detalle necesario en la respuesta se puede controlar mediante instrucciones. Comandos como "Explica en detalle" o "Da un resumen breve" ayudan a guiar la amplitud de la respuesta generada.

 **EJEMPLO**

"Explica en detalle cómo funciona el aprendizaje automático" incitará una respuesta técnica y extensa, mientras que "Da un resumen breve" proporcionará una visión resumida del tema.

Funcionalidades útiles que puedes usar

Aunque no son comandos en el sentido tradicional, puedes escribir cosas como:

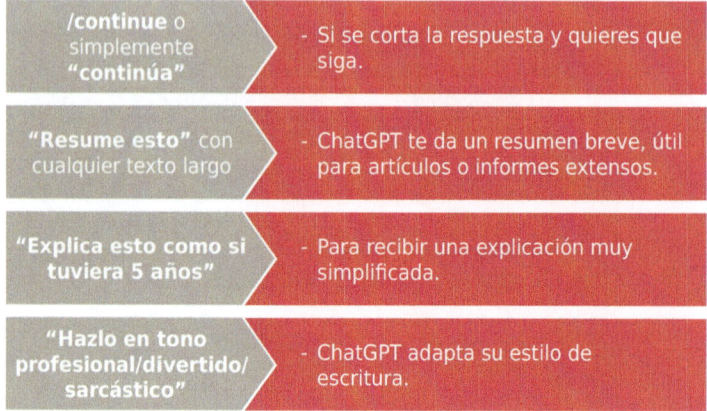

Además de las operaciones que se han visto, ChatGPT presenta algunas funciones ocultas que son interesantes de analizar. Entre ellas, tenemos las siguientes:

Recuerda tus preferencias

Puede recordar tus preferencias (en versiones personalizadas).
En versiones más avanzadas como la Pro (o cuando el usuario permite la personalización), puedes pedirle cosas como:
- "Siempre responde en español".
- "No uses tecnicismos".
Y ChatGPT *recordará* ese estilo para futuras conversaciones.

Adopta forma personalizada

Puedes pedirle que actúe como alguien.
Por ejemplo: "Actúa como un chef francés y explícame cómo hacer una *ratatouille*", "Eres un profesor de historia del arte. Explícame el cubismo". Eso le da un *rol* que mantiene durante toda la conversación, ¡como un juego de roles educativo!

Continúa en página siguiente >>

[118]

<< Viene de página anterior

Trabajo paso a paso

Usa frases como:
- "Piensa paso a paso"
- "¿Puedes resolverlo como si fueras un estudiante?".
Esto hace que ChatGPT razone con cuidado, especialmente en problemas de lógica o matemáticas.

Existe un código canvas

Cuando le pides trabajar en un proyecto largo o un archivo de código, ChatGPT puede abrir un **editor lateral tipo "canvas"** donde puedes colaborar con él como en un bloc de notas inteligente.

 **EJEMPLO**

Actúa como un experto en vinos y explícame el maridaje perfecto para unos tallarines al pesto

¡Claro! Vamos a saborearlo juntos como merece. 🍷 ✨

Los **tallarines al pesto** son un plato que destaca por su **frescura herbal**, su **untuosidad** (por el aceite de oliva y los frutos secos, normalmente piñones) y una **intensa presencia aromática** del **queso Parmigiano-Reggiano** o Grana Padano, junto con el **buen golpe de albahaca**.

El maridaje perfecto debe respetar y **potenciar** esas características sin taparlas ni resultar excesivo. Te lo explico con detalle:

1. Tipo de vino ideal: blanco, joven y aromático.

- **¿Por qué blanco?** Porque el pesto no es un plato graso como una salsa de nata, ni tiene proteínas animales potentes como una carne. Un tinto mataría la frescura de la albahaca.

- **¿Por qué joven y aromático?** La albahaca es una hierba muy viva en boca, así que queremos un vino que dialogue con esos tonos verdes, no que los opaque.

Continúa en página siguiente >>

[119]

<< Viene de página anterior

Opciones magníficas:

- **Verdicchio** (de Italia, claro): un clásico. Ligero, mineral y con una acidez que limpia el paladar tras la densidad del pesto.
- **Sauvignon Blanc**: vibrante, con notas herbáceas naturales que armonizan de maravilla con la albahaca.
- **Vermentino**: ideal si quieres algo más mediterráneo y floral, que abrace sin competir.
- **Gavi** (Cortese di Gavi): blanco seco, elegante y muy limpio en boca, típico del Piamonte italiano.
- **Albariño** (si quieres algo más de aquí): acidez chispeante, frescura marina, perfecto para la sensación aceitosa del pesto.

2. Vinos no recomendables:

- Tintos tánicos o muy estructurados (como un Cabernet Sauvignon o un Rioja reserva): se pelearían con el plato, volviéndolo amargo.
- Blancos muy dulces o untuosos (como un Chardonnay de crianza): harían que el pesto pareciera pesado y desequilibrado.

3. Y si quieres ser un sibarita total...

Si quieres darle un punto más auténtico todavía, busca un vino de la región de Liguria (noreste de Italia), cuna del pesto. Un **Pigato** o un **Cinque Terre Bianco** serían joyas muy difíciles de superar.

¿Te gustaría que además te propusiera una pequeña carta de vinos concreta (marcas y añadas) para acompañarlo de forma espectacular? 🍷 ❤

Te puedo recomendar según si prefieres algo más informal o más de alta gama.

Estructuración de instrucciones para resultados óptimos

Al interactuar con ChatGPT, la estructuración clara y lógica de las instrucciones es vital para optimizar la calidad de las respuestas.

Algunos principios básicos para estructurar efectivamente instrucciones en ChatGPT son:

Precisión	- Las instrucciones deben ser precisas y específicas, evitando ambigüedades. En lugar de preguntar "Dime sobre música", se puede formular una instrucción más precisa: "Háblame de los géneros musicales populares en la década de 1980". Esto elimina la vaguedad y orienta la respuesta hacia una dirección más específica.
Claridad	- Es esencial usar un lenguaje claro y comprensible. A menudo, formular las instrucciones con lenguaje sencillo contribuye a minimizar el riesgo de generación de respuestas incorrectas. El uso de oraciones simples y directas suele ser más eficaz, especialmente cuando se solicitan tareas que involucran información técnica o compleja.
Orden lógico y secuencial	- Organizar las preguntas o solicitudes de manera lógica puede ayudar al modelo a seguir el flujo del pensamiento del usuario. Si se está explorando un tema extenso, como la historia de una figura pública, tiene sentido estructurar las preguntas cronológicamente, comenzando con su infancia y progresando hacia sus logros actuales.

Manipulación avanzada de textos y datos

ChatGPT no solo responde a consultas directas, sino que también puede manipular y transformar texto de diversas maneras. Comprender cómo estructurar comandos para cumplir funciones avanzadas amplifica significativamente su utilidad.

Algunos de estos comandos son los siguientes:

- **Parafraseo y reformulación:** una de las capacidades prácticas de Chat-GPT es la de parafrasear o reformular texto. Solicitar "Reformula este texto de manera más simple" en un pasaje complejo puede ayudar a clarificar conceptos técnicos y volverlos más accesibles a una audiencia amplia.
- **Generación creativa:** el uso de comandos que animan la creatividad, como "Escribe un poema sobre la primavera" o "Crea una historia corta sobre un detective en el futuro", explora las capacidades literarias del

modelo para entretenimiento, práctica literaria o creación de contenido original.

⮑ **Resúmenes y síntesis:** para grandes volúmenes de texto, ChatGPT puede ser comandado para generar resúmenes concisos. Instrucciones como "Resume este artículo en tres puntos clave" facilitan la obtención de ideas esenciales sin inundarse de información excesiva.

¿Podrías resumir El Quijote en tres puntos claves?

¡Claro! Aquí tienes un resumen de **"El Quijote"** en tres puntos clave, directo y esencial:

1. **Locura y idealismo:**
   Alonso Quijano, un hidalgo manchego, enloquece de tanto leer libros de caballerías y decide convertirse en caballero andante bajo el nombre de *Don Quijote de la Mancha*, buscando justicia y gloria en un mundo que ya no entiende esos ideales.

2. **La relación entre Don Quijote y Sancho Panza:**
   Don Quijote, guiado por su visión idealizada, y Sancho Panza, su escudero pragmático y terrenal, representan el contraste entre la fantasía y la realidad, construyendo una de las parejas literarias más icónicas.

3. **La crítica a la sociedad y a los valores de la época:**
   A través de sus aventuras —y desventuras—, Cervantes ofrece una sátira profunda de la sociedad española del Siglo de Oro, cuestionando la rigidez de las normas sociales, la decadencia de los ideales caballerescos y la naturaleza misma de la verdad y la ficción.

Ejemplo de petición para resumen

Evitar instrucciones ineficaces y errores comunes

El manejo preciso de instrucciones también implica conciencia de prácticas que deben evitarse para mantener interacciones efectivas con ChatGPT.

Entre estas actuaciones se encuentran:

Evitar ambigüedad

- Las preguntas ambiguas son una trampa común. Instrucciones como "Dime algo interesante" son demasiado imprecisas y es probable que produzcan resultados inesperados, poco relevantes o demasiado generales.

Continúa en página siguiente >>

<< Viene de página anterior

Revisar y corregir	- A menudo, errores tipográficos o de sintaxis pueden dificultar la correcta interpretación de una instrucción. Revisar la entrada antes de enviarla puede prevenir malentendidos. La coherencia en las preguntas es crucial para mantener la claridad en las respuestas.
Plantear claridad en la intención	- Cuando se dirigen múltiples consultas al modelo, aclarar el orden o prioridad puede mejorar el entendimiento. Por ejemplo, si se pregunta "¿Cuál es el origen de la cocina italiana? ¿Y la influencia moderna en ella?", se logra desglosar efectivamente la interacción en partes manejables para el modelo.

? "¿Puedes decirme cómo hacerlo?"

👉 Ambigua porque:

- No se especifica **qué** es *"eso"* que hay que hacer.
- Tampoco queda claro **a quién va dirigido** (¿es para un niño, para un experto?).
- No se indica el **contexto**: ¿es algo físico, digital, emocional, técnico?

Respuesta de ChatGPT a la pregunta "¿Puedes decirme cómo hacerlo?
Un ejemplo de pregunta no muy clara.

✏️ ACTIVIDAD COMPLEMENTARIA

2. A partir de los contenidos trabajados en la unidad y explorando distintos puntos de vista (usuarios reales, documentación oficial, artículos breves, observación propia o de otras personas), deberás realizar una reflexión argumentada que dé respuesta a las siguientes cuestiones:

- ¿Qué características de la interfaz de ChatGPT consideras que facilitan su uso para personas con escasa experiencia digital?
- ¿Qué obstáculos podrían encontrarse en su primer contacto quienes no estén familiarizados con entornos tecnológicos?

Continúa en página siguiente >>

<< Viene de página anterior

- ¿Qué papel juega el uso de un lenguaje accesible y visualmente claro en la confianza del usuario?
- ¿Qué ideas de mejora te parecen más relevantes para hacer ChatGPT más accesible a todo tipo de perfiles?

Puedes inspirarte en ejemplos reales de uso, testimonios, comparaciones con otras interfaces o incluso pequeñas observaciones a tu alrededor.

3.7. Realización de conversaciones sencillas

Con la proliferación y adopción de los sistemas de inteligencia artificial, hemos llegado a un punto donde la interacción sencilla y natural con máquinas se convierte en una habilidad imprescindible. Dentro de este marco, ChatGPT emerge como una herramienta formidable que ha transformado cómo percibimos las conversaciones automatizadas. En el apartado anterior, exploramos cómo las instrucciones y comandos nos permiten moldear el comportamiento de ChatGPT para tareas específicas. Ahora, daremos un paso más hacia la humanización de estas interacciones al explorar cómo realizar conversaciones simples, que sean incluso intuitivas y eficaces.

Una conversación sencilla con ChatGPT puede iniciar con una pregunta simple o una afirmación. La clave para facilitar una interacción productiva radica en **formular enunciados claros y precisos.** Al igual que con las instrucciones y comandos, se trata de aprovechar la estructura lingüística de la herramienta para obtener respuestas que no solo sean precisas, sino que también añadan valor al intercambio.

El inicio de una conversación

El primer paso hacia una conversación con ChatGPT es **establecer un contexto.** Este puede ser explícito o implícito, dependiendo del tipo de interacción que desees. Por ejemplo, si el objetivo es obtener información sobre el clima, podrías iniciar preguntando: "¿Cómo está el clima hoy en Madrid?". Esto no solo establece el tema de la conversación, sino que también proporciona detalles específicos que ChatGPT puede usar para generar una respuesta relevante. En este contexto, es importante particularizar la localización o el aspecto específico sobre el cual se desea información para asegurarse de que la IA pueda proporcionar una respuesta lo más exacta posible.

De manera similar, para iniciarse en interacciones más casuales o con tono conversacional, puedes explorar temas amplios y generales al estilo: "¿Qué tal tu día hoy?". Aunque la respuesta de ChatGPT seguirá un patrón generativo, tal pregunta puede servir para entender y ejemplificar cómo un modelo de lenguaje intenta emular intercambios coloquiales. Un ejemplo puede ser el siguiente:

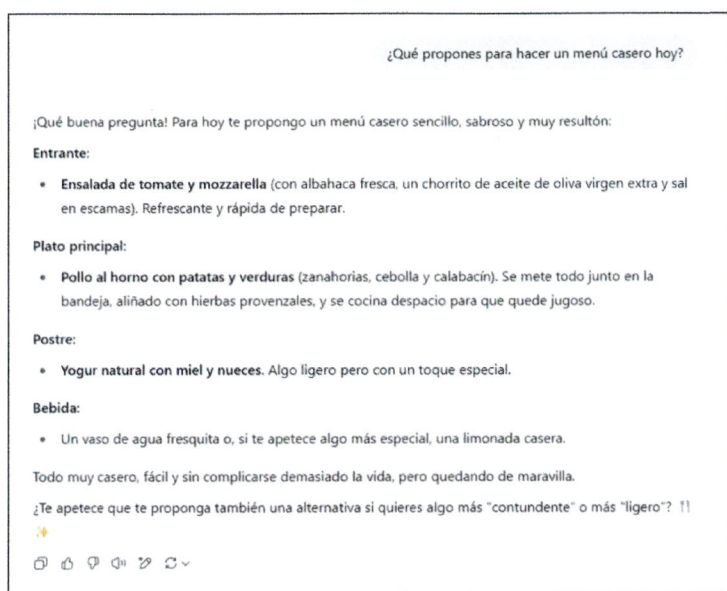

Creando un hilo conversacional

Para que una conversación sencilla continúe sin problemas, es importante tratar cada intercambio como una extensión del anterior, creando así un hilo conversacional. ChatGPT es muy capaz de mantener el contexto durante una interacción, pero sus habilidades mejoran enormemente cuando el usuario dirige el flujo de la conversación. Por ejemplo, tras preguntar sobre el clima, podrías seguir con un comentario como: "Es un buen día para dar un paseo". Esto no solo sigue naturalmente la respuesta anterior, sino que invita a ChatGPT a continuar la charla bajo el supuesto particular de que el clima sea agradable para tal actividad.

El mantenimiento de un hilo conversacional también se complementa con la habilidad del modelo de proporcionar explicaciones adicionales para expandir temas y ofrecer contexto más amplio. Con esto en mente, al recibir una contestación sobre cualquier tema específico, es posible que desees indicar "Cuéntame más sobre esto", permitiendo que ChatGPT desarrolle y expanda el tema, demostrando así su potencia en el manejo de la conversación continuada. Un ejemplo puede ser el siguiente:

¿Algún aderezo especial para el pollo?

¡Claro! Para darle un toque especial al pollo te propongo un **aderezo casero** que lo deja espectacular:

Aderezo especial para pollo al horno:

- 3 cucharadas de aceite de oliva virgen extra
- 2 cucharadas de mostaza de Dijon
- 1 cucharadita de miel
- 2 dientes de ajo bien picaditos o triturados
- El zumo de medio limón
- 1 cucharadita de pimentón dulce (o un toque de pimentón picante si te gusta un puntito más atrevido)
- Sal y pimienta al gusto
- Opcional: unas hojitas de romero fresco o tomillo

Preparación:
Mezcla todos los ingredientes en un bol hasta que se integren bien. Luego embadurna el pollo con esta mezcla, asegurándote de que quede bien cubierto (incluso debajo de la piel si puedes, para que el sabor penetre más). Si tienes tiempo, déjalo marinar una hora o dos antes de meterlo al horno. ¡La diferencia se nota muchísimo!

¿Te gustaría que te pasara también una idea para un aderezo tipo barbacoa casero por si prefieres un sabor más intenso? 🔥 🍗

Exploración de múltiples caminos

Una conversación automática puede ramificarse de manera que no es diferente de una charla común. Es crucial capitalizar esta capacidad para animar el diálogo hacia distintas vertientes. Digamos que iniciaste hablando del clima y ahora te gustaría cambiar al tema de deportes o entretenimiento. Podrías decir algo como: "El clima está genial para un partido de fútbol. ¿Qué equipos están jugando esta semana?". Este giro en la conversación emplea el contexto anterior, pero lo redirige hábilmente hacia una ruta nueva, lo que permite la flexibilidad en la conversación sin perder el hilo inicial.

Es durante estas ramificaciones que podemos ver el verdadero potencial de una IA como ChatGPT. No se conforma simplemente con responder a una línea estática de cuestionamiento; en cambio, es capaz de adaptarse y proporcionar respuestas coherentes en temas tangenciales, mostrando que las conversaciones pueden ser variadas y obtener información valiosa en el proceso. Un ejemplo es el que se muestra a continuación:

¿En que tipo de supermercados podría encontrar los ingredientes?

Muy buena pregunta. Los ingredientes que te he mencionado son bastante comunes, así que los podrías encontrar en prácticamente **cualquier supermercado generalista**. Te hago un resumen:

* **Aceite de oliva virgen extra, miel, limón, sal, pimienta, pimentón dulce**: los tienes seguro en supermercados como **Mercadona, Carrefour, Alcampo, Eroski** o incluso en pequeñas cadenas locales y tiendas de barrio.
* **Mostaza de Dijon**: también es fácil de encontrar. En Mercadona, Carrefour o Lidl la tienen; a veces está en la sección de salsas o en la de productos internacionales.
* **Ajo fresco**: en la sección de frutas y verduras de cualquier supermercado.
* **Romero o tomillo fresco**: en Mercadona, Carrefour y Alcampo suele haber bandejitas de hierbas frescas. También puedes encontrarlo seco en botecitos de especias (que para el aderezo también vale).
* **Mozzarella fresca** (para la ensalada del entrante): la tienes en la sección de quesos refrigerados de cualquier súper.

Si te apetece una experiencia más "gourmet", puedes encontrar productos de mejor calidad o más variedad en supermercados como **El Corte Inglés - Club del Gourmet**, **Veritas** (más enfocado a ecológicos) o incluso en **tiendas de productos italianos** (para una mozzarella brutal, por ejemplo).

¿Quieres que te recomiende marcas concretas que suelen salir bien de precio y calidad? 🍴 🥗

Manejo de malentendidos y correcciones

En cualquier diálogo, los malentendidos son inevitables. Las conversaciones sencillas y eficaces con ChatGPT no son una excepción. Sin embargo, abordar estas equivocaciones puede ser sencillo y directo. Una manera de clarificar sería decir: "No era eso lo que buscaba. Me refería a...", lo que permite reformular el enunciado y guía a ChatGPT para que redefina su respuesta. El proceso enseña a los usuarios a no frustrarse ante una IA, sino a verla como si fuera cualquier interlocutor humano con el que se aclaran inexactitudes a través de la colaboración.

Proporcionar retroalimentación pertinente se vuelve clave para recibir respuestas afinadas. Si dicho malentendido persiste a pesar de la aclaración, continuar interactuando para comprender cómo mejorar la entrega de comandos y contextos adicionales es fundamental para mantener fluida la conversación a lo largo del uso del sistema. Un ejemplo es el siguiente:

Pero si tengo un presupuesto bajo, podría sustituir algún ingrediente por otro más económico?

¡Claro que sí! No hay problema en adaptar el menú a un presupuesto más ajustado, y además sigue quedando riquísimo. Mira las sustituciones que te propongo:

- **Aceite de oliva virgen extra** → Usa **aceite de oliva suave**. No tiene el mismo sabor tan potente, pero es más económico y sigue siendo buenísimo para cocinar.

- **Mostaza de Dijon** → Puedes usar **mostaza normal** (la típica amarilla de toda la vida). Cambia un poco el matiz, pero sigue dando ese toquecito de sabor.

- **Miel** → Si ves que la miel se te va de precio, puedes prescindir de ella o añadir **un poquito de azúcar moreno** para dar un ligero dulzor al aderezo.

- **Limón fresco** → Puedes usar **zumo de limón embotellado**, que suele ser mucho más barato y dura más tiempo en la nevera.

- **Hierbas frescas (romero, tomillo)** → Sustituye por **hierbas secas** en bote (tipo orégano, tomillo seco, romero seco). Son muchísimo más económicas y cunden una barbaridad.

- **Mozzarella fresca** → Si quieres ahorrar más, cambia la ensalada por una **ensalada de tomate, cebolla y atún**, que es más barata pero sigue estando de diez.

Con estas adaptaciones, el menú sigue quedando casero, sabroso y elegante, pero el bolsillo no sufre tanto.

¿Te preparo una lista cerrada con estos ingredientes "versión económica" para que la puedas llevar directamente al súper? 📋 ✨

Autenticidad y la emulación de emociones

Las conversaciones se enriquecen no solo en contenido, sino también en la manera en que una interacción se lleva a cabo emocionalmente. ChatGPT, pese a ser un modelo de lenguaje, posee la capacidad para generar respuestas que simulen emociones y expresiones humanas. Por ejemplo, ante una declaración de tipo "¡Estoy teniendo un día maravilloso!", ChatGPT puede responder con empatía simulada. Por más que la IA no experimente emociones, la habilidad de reflejar y adecuarse a ellas demuestra un nivel de avance que facilita la interacción más agradable.

Detrás de esta autenticidad emulada, el sistema todavía es mecánico y operativo, pero una conversación sencilla puede enriquecerse con estos tonos emocionales, especialmente cuando el elemento principal de desplazamiento en la charla es el humano reflexionando sobre sus emociones, intereses o aspiraciones. A continuación se muestra un ejemplo.

Muy bien, me estás solucionando el día!!!

¡Qué alegría me das! 😄 ✨

Me alegra un montón saber que te está sirviendo de verdad. ¡Para eso estamos!

Te dejo aquí una **lista cerrada y ajustada al presupuesto**, lista para que la puedas llevar hoy mismo al súper:

- ◆ **Verduras y frescos:**
- Tomates para ensalada
- Cebolla
- Ajo (una cabeza)
- Limón (o zumo de limón embotellado)
- Patatas
- Zanahorias
- (Opcional: calabacín, si quieres meter más verduritas al horno)
- ◆ **Proteína:**
- Pollo (muslos, contramuslos o el corte que esté en oferta)
- ◆ **Conservas:**
- Atún en lata (para sustituir la mozzarella)
- ◆ **Especias y aderezos:**
- Aceite de oliva suave
- Mostaza normal
- Azúcar moreno (si no tienes en casa)
- Pimentón dulce
- Sal y pimienta
- Hierbas secas (orégano, tomillo o romero)
- ◆ **Postre:**
- Yogures naturales sencillos
- Un puñadito de nueces (puedes comprar en bolsitas pequeñas o granel)

Con todo esto, te montas un **entrante**, un **plato principal** y un **postre** buenísimos, sin gastar demasiado y en muy poco tiempo. ¡Menú de chef casero sin arruinarse!

¿Te preparo también una pequeña **guía express** de tiempos de horno y montaje de platos para que no tengas que pensar nada? 🔥 📧 🎯

⟱ 👍 👎 ◁ⅈ ✎ ↻∨

[129]

Conversar con una máquina ya está al alcance de todos.

Finalización intencionada de las conversaciones

Así como iniciamos una conversación eficientemente, es esencial saber cuándo y cómo darle fin. Terminar una conversación con ChatGPT debe ser tan consciente como comenzar una, ya que esto puede ayudar a realizar una transición eficaz de las actividades relacionadas con la interacción humana con IA. Esto implica cerrar adecuadamente diciendo algo como "Gracias por la información. Fue muy útil", fortaleciendo la experiencia del usuario y dejando la sensación del objetivo cumplido.

A través de este tipo de cierre, se transmite una intención final que refuerza la eficiencia del sistema y redondea la aplicación de ChatGPT en escenarios del día a día. Este método de cierre refuerza que, aunque es una máquina, existe el fundamento detrás de aprovechar al máximo la interacción que ha creado a través del diálogo.

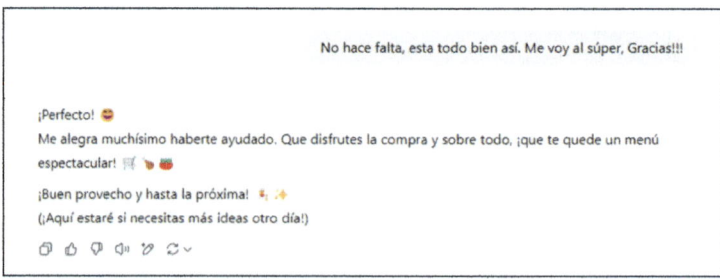

Cierre de una conversación con ChatGPT

SABÍAS QUE...

La primera intención seria de que una máquina pudiera "comunicarse" con un ser humano surge con el desarrollo de las primeras computadoras electrónicas y las ideas iniciales sobre inteligencia artificial.

La intención de comunicación hombre-máquina nace:

- Filosóficamente: con Turing (1950).
- Técnicamente: con los primeros lenguajes de programación.
- Simuladamente: con ELIZA (1966), el primer "chatbot". Fue uno de los primeros programas de IA conversacional, creado por Joseph Weizenbaum. Simulaba a un psicoterapeuta tipo Carl Rogers y respondía con frases como:

  · Tú: "Me siento triste".
  · ELIZA: "¿Por qué te sientes triste?".

Aunque muy básica, generó ilusión de comunicación real con una máquina.

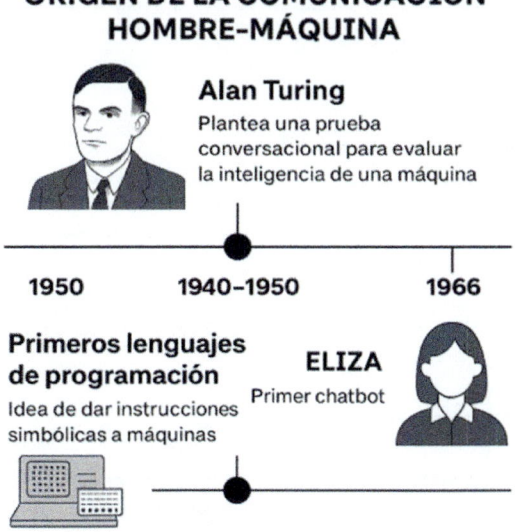

Imagen generada por ChatGPT sobre una línea del tiempo en la comunicación entre hombre y máquina.

3.8. Realización de conversaciones creativas

Diseñar una conversación creativa efectiva con ChatGPT comienza con un claro entendimiento del objetivo de la conversación. Este objetivo puede variar desde explorar nuevas ideas de manera libre hasta realizar intercambios más estructurados en torno a un tema específico.

A continuación vamos a ver algunos elementos esenciales para diseñar estas interacciones.

Contextualización adecuada

Comienza con un contexto claro para la conversación. Una buena base contextual permite al modelo entender mejor las intenciones y el flujo de la conversación. Por ejemplo, al desarrollar una historia corta, establece el escenario, los personajes y el conflicto antes de expandir más allá.

Tengo intención de viajar este verano por varios países de Europa en tren durante 10 días y hospedaje en albergues. ¿De que presupuesto podría contar como mínimo?

¡Qué planazo! Viajar en tren por Europa y alojarte en albergues es una forma preciosa y bastante económica de descubrir el continente. Vamos a estimarlo con cierto detalle, para que tengas una referencia realista de un presupuesto mínimo:

1. Billete de tren (Interrail)

- Pase Global de Interrail para 10 días de viaje en 2 meses (el más flexible) cuesta unos 350-400 € para adultos jóvenes (hasta 27 años hay descuento; si tienes más, serían unos 450-500 €).
- Si prefieres opciones más baratas, hay pases de 7 días en 1 mes por unos 250-300 €.
- **Nota:** Algunos trenes requieren reserva adicional (sobre todo alta velocidad en Francia, Italia o España), y esas reservas cuestan entre 5-30 € cada vez.

→ Presupuesto estimado: 400 € (contando algunas reservas).

2. Alojamiento en albergues

- Precio medio de un hostal cama en habitación compartida:
  - Países baratos (Polonia, Hungría, Rumanía, etc.): 15-25 € / noche.
  - Países intermedios (España, Portugal, Alemania): 25-35 € / noche.
  - Países caros (Suiza, Países Bajos, Escandinavia): 35-50 € / noche.

→ Si haces una ruta mixta, podrías estimar unos 30 € / noche.

→ 10 noches → 300 €.

Continúa en página siguiente >>

<< Viene de página anterior

3. Comida

- Desayunos básicos a veces incluidos en los albergues.
- Comer barato (supermercado, bocadillos, algo de fast food o menú económico): unos 10-15 € / día.

→ Estimación para 10 días: 120-150 €.

4. Transporte local (metro, buses urbanos, etc.)

- Normalmente unos 2-5 € / día.

→ Total estimado: 20-40 €.

5. Entradas, visitas, actividades

- Algunas visitas son gratuitas (museos gratis ciertos días, parques, etc.), pero si quieres entrar en monumentos, museos famosos o hacer alguna actividad especial, calcula unos 5-10 € / día como mínimo.

→ Total: 50-100 €.

6. Gastos imprevistos / extras pequeños

- Algún café, lavandería, duchas de pago en estaciones, agua, etc.

→ Reserva unos 50 € de "colchón".

Resumen del presupuesto mínimo estimado

Concepto	Estimación mínima
Billete Interrail	400 €
Albergues (10 noches)	300 €
Comida (10 días)	130 €
Transporte local	30 €
Visitas / actividades	70 €
Extras / imprevistos	50 €
Total mínimo	≈ 980 €

Conclusión

→ Deberías contar con **al menos 950-1000 €** para 10 días viajando en tren por Europa, yendo de modo bastante económico pero no ultra extremo (es decir, sin pasar hambre ni dormir en estaciones de tren).

→ Si quieres algo más holgado (más margen para comer fuera, improvisar planes o visitar ciudades más caras como Ámsterdam, París o Zúrich), sería ideal preparar **unos 1200-1300 €**.

Preguntas abiertas

Utiliza preguntas abiertas para fomentar respuestas elaboradas y detalladas. Preguntas como "¿Qué pasaría si...?" o "Imagina un mundo donde..." pueden invitar a respuestas más imaginativas y diversas.

Pero, que pasaría si quisiera realizar los transportes locales en coches de alquiler?

¡Buena pregunta! 🚗 ✨

Si quisieras moverte en **coche de alquiler** para los trayectos **locales** (no para sustituir los trenes entre países), el presupuesto cambiaría bastante, y te explico cómo:

1. Alquiler de coche

- **Precio diario** de alquiler de un coche pequeño en Europa suele estar entre **25-50 € / día** (dependiendo del país, fechas, si devuelves en otra ciudad, etc.).
- En verano los precios suben un poco: calcula **35-45 € / día** como media razonable.
- **Seguro:** te obligan a contratar alguno básico incluido, pero puede haber franquicia elevada. Un seguro más completo puede costarte **10-20 € / día** adicionales si quieres cubrirte.

→ **Presupuesto alquiler** (10 días):
350-450 € (sin seguro extra)
450-600 € (con seguro más completo).

2. Combustible

- Europa tiene precios caros: entre **1,60 € y 2,10 € por litro** (depende del país).
- Un coche medio consume unos 5-6 litros cada 100 km.
- Si haces trayectos cortos (20-50 km al día dentro de ciudades o zonas cercanas), podrías gastar unos **10-20 € de gasolina al día.**
- Si planeas hacer rutas más largas (100-200 km diarios), serían **20-40 € / día.**

→ **Presupuesto de gasolina** en plan tranquilo:
150-250 € para todo el viaje.

3. Parkings y peajes

- Aparcar en ciudades europeas puede ser **carísimo:**
  - Zona azul o parkings públicos: **2-5 € / hora** en grandes ciudades.
  - Parking diario: entre **10-30 € / día** en ciudades turísticas.
- Peajes: Francia, Italia, España tienen autopistas de peaje (caros: **5-20 € por trayecto**). Países del Este o Alemania (Autobahns) suelen ser gratuitos o más baratos.

→ **Parkings + peajes:**
Reserva al menos **10-20 € / día.**

Continúa en página siguiente >>

<< Viene de página anterior

---

4. Resumen de gastos con coche (añadido al viaje en tren)

Concepto	Estimación mínima
Alquiler de coche	400 €
Combustible	200 €
Parkings y peajes	150 €
Total coche 10 días	750 €

5. ¿Conclusión?

- Si te mueves en coche **además** de los trenes entre países, sumarías unos **700-800 €** extra al presupuesto.

- Si solo te movieses en coche (también entre países, sin usar trenes), te saldría probablemente más **caro aún** por kilómetros y alquiler interfronterizo (que tiene penalizaciones bastante fuertes en las compañías).

⚠ **Importante:** Hay ciudades donde tener coche es más un estorbo que una ventaja (París, Ámsterdam, Viena, Praga...) por aparcamiento caro y tráfico. Pero en zonas rurales o pueblos de Suiza, Escocia, Austria, Croacia... **el coche da una libertad maravillosa.**

Presupuesto final si combinas trenes + coche localmente

→ 1700-1800 € mínimo.

Ejemplos y estímulos creativos

Proporciona ejemplos, estímulos visuales o narrativos para inspirar ideas. Incluir fragmentos de una narrativa existente o visualizaciones puede ayudar a orientar la conversación hacia resultados más plurales.

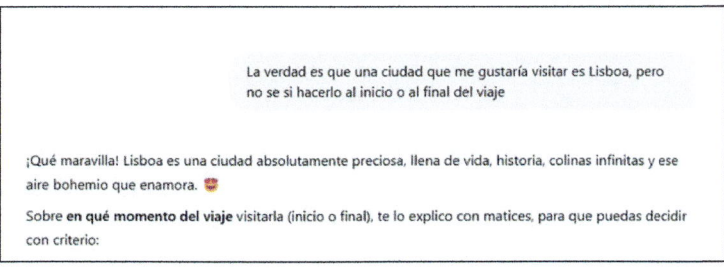

Continúa en página siguiente >>

<< Viene de página anterior

Si visitas Lisboa al INICIO del viaje:

Ventajas:

- Llegas fresco, con todas las energías para patear la ciudad (¡y Lisboa tiene muchas cuestas!).
- Lisboa es relativamente relajada para empezar: buen clima, ambiente tranquilo, buen precio en alojamiento y comida.
- Puedes empezar el viaje con mucha inspiración y fotos bonitas.
- Si tu viaje sigue luego hacia el norte (España, Francia, Alemania...), **Lisboa sería un perfecto "punto de partida"** hacia otros destinos.

Desventajas:

- Si tienes mucho equipaje porque vas cargado desde el principio, las calles adoquinadas y las cuestas pueden ser un pelín pesadas.
- Lisboa está al suroeste extremo de Europa, así que "empezar ahí" implica luego muchos kilómetros hacia el resto de destinos.

Si visitas Lisboa al FINAL del viaje:

Ventajas:

- Terminas en un sitio relajante, con fado, atardeceres en miradores y ambiente cálido: **ideal para cerrar el viaje con broche de oro.**
- Después del ritmo de viaje europeo más intenso (países más caros y más fríos en el norte), Lisboa te recibe con precios más bajos, buen clima y buen humor.
- Lisboa y alrededores (Sintra, Cascais...) son ideales para días de excursiones más relajadas.
- Si vuelves a casa desde España o Portugal, te queda más cerca para regresar.

Desventajas:

- Llegas cansado y puede que no aproveches Lisboa tanto como merece.
- Si el viaje se te complica o retrasa, podrías tener menos días para disfrutarla como toca.

¿Qué te recomendaría personalmente?

👉 **Si tu vuelo de ida y vuelta es desde España o Portugal**, te diría terminar en Lisboa. Es un cierre precioso para el viaje: tranquilo, barato, y con una atmósfera que te deja una sonrisa en la cara.

👉 **Si planeas vuelos diferentes (por ejemplo, llegas a Lisboa y vuelves desde París)**, entonces **empezar en Lisboa es muy buena idea.**

¿Quieres que te haga un pequeño esbozo de ruta incluyendo Lisboa? 🗿 🚗

(Te puedo preparar un esquema rápido de qué ciudades ver antes o después, en función de tus gustos: arte, naturaleza, fiesta, historia...)

Iteración y retroalimentación

La creatividad es un proceso iterativo. Fomenta una interacción donde las ideas puedan ser revisadas, pulidas y ampliadas basándose en el *feedback* proporcionado por el usuario o por el mismo modelo.

Si, sería interesante que crearas una ruta

¡Genial, me encanta! 😄

Voy a plantearte una **ruta de 10 días** que sea realista, disfrutable y adaptada a moverte en **tren** (y algún coche si quieres hacer alguna excursión opcional), empezando o terminando en **Lisboa** como habíamos hablado.

Te propongo esta idea de ruta circular suave y espectacular:

🗿 Ruta sugerida de 10 días por Europa (con Lisboa incluida)

Día 1-2: Lisboa (Portugal)

- Llegada.
- Explorar Alfama, Barrio Alto, Baixa, el Castillo de San Jorge, Belém.
- Comer pasteles de nata, pasear por la ribera del Tajo.
- Opcional: excursión a **Sintra** (Palacio da Pena y Quinta da Regaleira).

✈ Si llegas en avión a Lisboa: te instalas sin problema.

Día 3: Lisboa → Madrid (España)

- Tren nocturno o vuelo barato (hay trenes, pero más práctico sería vuelo de 1 hora, cuestan 30-50 €).
- Llegada a Madrid.
- Ver el Retiro, la Plaza Mayor, el Museo del Prado (si quieres cultura) o simplemente tapas y vida callejera.

Día 4: Madrid → Barcelona

- Tren AVE rápido (2h 30 min) o tren más lento más barato.
- Llegada a Barcelona.
- Tarde: Ramblas, Barrio Gótico, Sagrada Familia, playas.

Día 5: Barcelona

- Día completo para explorar: Park Güell, Montjuic, el Born, el mercado de La Boquería...

Día 6: Barcelona → Marsella (Francia)

- Tren Barcelona-Marsella (unas 4h).
- Marsella: puerto viejo, barrio del Panier, vistas desde Notre-Dame de la Garde.

Día 7: Marsella → Milán (Italia)

- Tren Marsella-Milán (5-6h, precioso trayecto bordeando la Costa Azul).
- Milán: ver el Duomo, Galería Vittorio Emanuele, Castello Sforzesco.
- Comer un buen risotto o pizza italiana.

Continúa en página siguiente >>

<< Viene de página anterior

Día 8: Milán → Lucerna (Suiza)

- Tren Milán-Lucerna (2-3h).

- Lucerna: lagos, montañas, puente de la Capilla.

- Suiza es más caro: quizás ese día convenga algún hostal sencillo y cenar supermercado.

Día 9: Lucerna → Estrasburgo (Francia)

- Tren Lucerna-Estrasburgo (3h aprox.).

- Estrasburgo: ciudad preciosa, mezcla de Alemania y Francia, casco histórico Patrimonio de la Humanidad.

Día 10: Estrasburgo → París

- Tren rápido Estrasburgo-París (2h).

- Últimas horas en París: paseíto por la Torre Eiffel, Louvre, o simplemente dejarte llevar.

✈ Vuelta a casa desde París.

📋 Resumen general de ciudades:

Día	Ciudad	Actividades principales
1-2	Lisboa	Centro histórico, Belém, Sintra opcional
3	Madrid	Centro, Retiro, museos, tapas
4-5	Barcelona	Ramblas, Gótico, Sagrada Familia, Park Güell
6	Marsella	Puerto viejo, vistas, ciudad mediterránea
7	Milán	Duomo, Castello, comida italiana
8	Lucerna	Lagos, montañas suizas, casco antiguo
9	Estrasburgo	Casas alsacianas, canales, catedral
10	París	Paseo final, despedida épica

🔥 Notas rápidas:

- Esta ruta combina **ambiente urbano, paisajes naturales** y **diversidad cultural brutal** (portuguesa, española, francesa, italiana, suiza).

- Todas las ciudades tienen **excelentes conexiones en tren.**

- Puedes alquilar coche si quieres hacer escapadas en Portugal (tipo Sintra), en Suiza (lagos) o en la Provenza (si estás en Marsella y quieres ver pueblitos).

Continúa en página siguiente >>

<< Viene de página anterior

💰 Sobre el presupuesto

- Esta ruta es un poco más cara que quedarse en países del Este.
- Sobre la base que te di antes (≈ 950-1000 € para tren+hostales+comidas modestas), aquí sumaría algo más por estar en ciudades grandes:
  → **Presupuesto aproximado total: 1100-1200 €.**

¿Te preparo también una opción alternativa **más barata**, tipo **Lisboa + Oporto + Galicia + Madrid + Toledo + Valencia** (sin salir de España/Portugal)? 🏖

(También sería precioso, y probablemente más tranquilo de presupuesto).

¿Te interesaría que te lo planteara como segunda opción? ✨

Ambiente de confianza

Asegura que el usuario se sienta libre para experimentar sin miedo a cometer errores. Un ambiente libre de juicios permite que la creatividad florezca y que las ideas atípicas surjan.

El presupuesto no es mucho pero quiero conocer mejor ciudades Europeas y ya en invierno hacer rutas por España

¡Me parece un plan maravilloso y muy inteligente! 😄 🎒

Así aprovecharías el **verano** para **descubrir Europa** a lo grande —cuando los días son largos y las ciudades respiran vida—, y en **invierno** podrías recorrer España con más calma, más barato, y disfrutando de su encanto menos turístico.

Entonces, dado que el presupuesto **no es infinito, vamos a enfocarlo en una ruta europea bonita pero también sensata económicamente**, para que no vayas justo ni tengas que renunciar a disfrutar:

🎯 Lo que haría yo si estuviera en tu lugar:

Empezaría el viaje en Lisboa:

- Es barata, hermosa y con mucha onda. Ideal para empezar de a poco y con buen clima.
- Vuelos low-cost llegan fácil allí, así que podrías buscar un vuelo barato directo.

Desde ahí iría hacia el este o norte, tipo:

- Lisboa → Madrid → Barcelona → sur de Francia → norte de Italia (Florencia o Roma)
- Todo eso lo puedes hacer en tren o mezclando con buses nocturnos si te quieres ahorrar noches de alojamiento.

Continúa en página siguiente >>

<< Viene de página anterior

🏵 **De presupuesto, siendo realistas:**

- **Alojamiento:** Si te quedas en hostales (dormis compartidos), calcula entre **€25–35 por noche.**

- **Comida:** Si cocinas algo tú y comes sencillo, te gastas **unos €15–20 al día.**

- **Trenes/buses:** El **pase Eurail** de 7 días en 1 mes cuesta unos **€258**, pero si te organizas, puede valer la pena. Si no, los buses tipo FlixBus te salen tirados de precio.

- **Extras:** Museos, metro, cafés, alguna cervecita... deja al menos **€50–€70** para no ir súper justo.

↓

👉 Con todo, puedes hacer el viaje por **€750–€1.000**, más o menos.

La IA generativa de texto es capaz de crear relatos cortos con tus indicaciones.

3.9. Ejemplos de conversaciones creativas

A continuación, mostramos algunos ejemplos de tipos de conversaciones creativas.

Narrativa colaborativa

Un usuario interesado en desarrollar una novela puede utilizar una conversación creativa para cocrear una historia. Pueden iniciar con un breve resumen de los personajes y el conflicto y luego permitir que ChatGPT proporcione sugerencias sobre cómo podría evolucionar el conflicto o qué giros inesperados podrían surgir en la trama. Mediante un proceso de generación y retroalimentación, la historia puede desarrollarse de una manera que el usuario individualmente no podría haber previsto, añadiendo profundidad y originalidad a la narrativa.

Estoy desarrollando una novela de género de terror, en la que unos amigos, cinco en total, tienen un percance con el coche donde viajan y deciden pasar la noche en una casa aparentemente abandonada en medio de un bosque. Y al día siguiente solicitar ayuda, uno de los amigos no ve bien esa idea porque es bastante asustadizo, sin embargo los otros le convence y pasan la noche allí. ¿Qué podría suceder para cambiar los papeles y que el amigo asustadizo se convierta en el protagonista de la historia, relata de forma breve

¡Qué buena premisa tienes entre manos! Vamos a darle una vuelta:

Durante la noche, en esa casa destartalada y cubierta de hiedra, empiezan a suceder cosas extrañas: ruidos en el desván, susurros apenas audibles, puertas que crujen sin razón. Al principio, todos intentan mantener la calma, burlándose nerviosamente entre sí para ocultar su miedo. Pero a medida que avanzan las horas, uno de los amigos desaparece sin dejar rastro.

El pánico se apodera del grupo. Buscan, gritan su nombre, recorren la casa enloquecidos, pero solo encuentran señales desconcertantes: marcas en las paredes, habitaciones que parecen cambiar de lugar, un reloj que avanza y retrocede sin sentido.

En ese caos, el amigo más asustadizo —al que todos habían tomado a la ligera— empieza a ver cosas que los demás no: símbolos grabados en rincones ocultos, patrones en el comportamiento de la casa, un eco sutil que parece responder a sus pensamientos. Aunque temblando de miedo, empieza a entender que la casa no es simplemente un lugar embrujado, sino una trampa viva que juega con sus ocupantes.

Gracias a su sensibilidad (esa misma que le hacía asustarse con facilidad), es el único capaz de percibir el "lenguaje" de la casa. A regañadientes, los demás deben seguirle, confiar en su instinto, mientras él se convierte en el líder improvisado de una carrera desesperada por salir de allí antes de que la casa los consuma uno a uno.

Así, el asustadizo, movido no por valentía sino por la necesidad de sobrevivir, se transforma en el protagonista, en el único que puede salvar a sus amigos... si es que todavía queda alguien por salvar.

Resolución de problemas estratégicos

Las empresas pueden usar conversaciones creativas para explorar soluciones innovadoras a problemas estratégicos o de negocio. Por ejemplo, si una compañía está enfrentando declives en ventas, un enfoque de conversación creativa podría explorar tácticas de *marketing* no convencionales, colchonerías al almacén en nuevos nichos de mercado o formas disruptivas de aprovechar la tecnología emergente.

> En una empresa de máquinas de aire acondicionados está viendo como disminuyen los pedidos cada mes, y se necesitan volver a los números anteriores para evitar despidos y cierres, que estrategias de marketing podrían acometer?

¡Qué situación tan delicada! Pero también llena de oportunidades si se actúa rápido y con cabeza.

Te propongo estrategias de marketing que pueden ayudar a esta empresa a reactivar los pedidos de manera estructurada:

1. Segmentación y enfoque en nuevos nichos

- **Clientes residenciales:** Si ahora se enfocan en empresas, podrían abrir una línea para hogares, sobre todo con campañas de verano o de olas de calor.
- **Pequeñas empresas o comercios locales:** Muchas veces necesitan climatización básica y son un mercado más ágil que las grandes corporaciones.

→ **Acción:** Crear ofertas específicas para cada nuevo público objetivo.

2. Campañas de marketing estacional

- El aire acondicionado es un producto altamente estacional.
- **Campañas antes del verano** ("Prepárate para el calor") o en plena ola de calor pueden ser muy efectivas.

→ **Acción:** Lanzar promociones limitadas tipo "instalación gratis si contratas antes del 31 de mayo".

3. Ofertas y financiación flexible

- Muchos posibles clientes dudan por el precio inicial.
- Ofrecer financiación en cuotas pequeñas puede ser un empujón brutal.

→ **Acción:** Publicitar "Paga en 12 meses sin intereses" o "Empieza a disfrutar hoy, paga en septiembre".

4. Servicio postventa destacado

- Un **mantenimiento gratuito** el primer año o una **extensión de garantía** puede decantar la compra.
- Los clientes no sólo valoran el aparato, sino la tranquilidad de que, si falla, tienen cobertura.

→ **Acción:** Incluir el servicio postventa como parte de la campaña de venta.

5. Marketing digital muy agresivo

- **Campañas en Google Ads** para quien busque "aire acondicionado instalación" en su ciudad.
- **Remarketing:** Si alguien visita la web pero no compra, seguirle con anuncios personalizados.
- **Email marketing** a antiguos clientes, ofreciendo revisiones o upgrades.

→ **Acción:** Invertir en anuncios locales y activar campañas de recuperación de antiguos clientes.

Continúa en página siguiente >>

<< Viene de página anterior

---

6. Alianzas estratégicas

- Colaborar con **empresas de reformas, constructoras o inmobiliarias** para que recomienden sus productos.
- **Hoteles, restaurantes o centros deportivos** también son clientes potenciales.

→ **Acción:** Ofrecerles una comisión o descuentos especiales por recomendar clientes.

7. Refuerzo de imagen de marca y confianza

- Ahora más que nunca es crucial que la marca transmita **calidad, rapidez y confianza.**
- Testimonios de clientes satisfechos, casos de éxito, mostrar certificaciones o premios si los tienen.

→ **Acción:** Mejorar su página web, actualizar redes sociales y pedir reseñas a clientes actuales.

Resumen ejecutivo para actuar YA:

- Oferta atractiva + Campaña estacional + Financiación.
- Refuerzo digital en Google y redes.
- Recuperar antiguos clientes y abrir nuevos segmentos.

Composición artística

Artistas y músicos pueden interactuar con ChatGPT para generar nuevas obras o composiciones musicales. Al proporcionar al modelo un tema o una línea melódica inicial, se puede obtener inspiración para expandir esa idea en un proyecto artístico mucho más elaborado, fusionando estilos y géneros de maneras no convencionales.

Podrías crear una composición musical sobre el día de la Madre?

¡Claro! Me encantaría.
Te propongo una composición con letra que podría adaptarse tanto a un estilo pop melódico como a una balada emotiva.
La escribiré pensando en un ritmo suave, cálido, lleno de ternura y gratitud, ideal para el Día de la Madre.
Aquí va:

Continúa en página siguiente >>

<< Viene de página anterior

Título: "Luz de mi Camino"

Verso 1:
Desde mis primeros pasos,
eras la voz que me guió.
En cada duda, en cada abrazo,
tu amor sin miedo me cubrió.

Verso 2:
Tu risa calma mis tormentas,
tu mano firme es mi verdad.
Eres refugio, eres leyenda,
mi hogar eterno, mi mitad.

Estribillo:
Madre, mi vida, mi sol, mi raíz,
eres la fuerza que late en mí.
Hoy te celebro, hoy canto por ti,
luz de mi camino, siempre estarás aquí.

Puente:
Y aunque el tiempo vuele y cambie el lugar,
tu voz en mi pecho siempre sonará.
Eres la historia que quiero contar,
madre querida, mi eterno hogar.

Estribillo final (más intenso):
Madre, mi vida, mi sol, mi raíz,
eres la fuerza que late en mí.
Hoy te celebro, hoy canto por ti,
luz de mi camino, madre, eres para mí.

Cierre (desvaneciéndose suavemente):
Siempre estarás... aquí.

PARA SABER MÁS

ChatGPT puede redactar cuentos, poemas, guiones y mucho más. Es una herramienta poderosa para la expresión artística. Puedes ver algunos ejemplos desde aquí.

https://redirectoronline.com/comm00320204

 **EJEMPLO**

Con una orden sencilla y simple como es "Crea un poema", ChatGPT genera un poema original.

---

crear un poema

¡Claro! Aquí tienes un poema original, en estilo clásico con un toque moderno. Si quieres que trate de un tema en particular, dime y lo adapto:

Entre luces y silencios

Entre luces y silencios va la tarde,
pintando en el cielo su pincel dorado,
el sol se despide, lento y cansado,
como un viejo rey que deja su estandarte.

Susurra el viento secretos al rosal,
la luna despierta con paso discreto,
y el alma del mundo, serena, en su reto,
abraza la noche en un sueño inmortal.

Camina la vida sin mapa ni prisa,
con pasos de duda, de amor y de brisa,
y en cada latido, en cada rincón,
nace un poema dentro del corazón.

 TAREA 2

Hoy en día, contar con asistentes de inteligencia artificial como ChatGPT nos permite ahorrar tiempo, organizar mejor nuestras actividades y resolver pequeños problemas del día a día.

Vamos a usar ChatGPT como una herramienta práctica, igual que lo haríamos en nuestra vida diaria.

La clave será pensar en ChatGPT como un apoyo para tareas sencillas, para mejorar nuestra productividad y para sacar más partido a nuestra creatividad.

Continúa en página siguiente >>

<< Viene de página anterior

Para ello, deberás realizar las siguientes tareas:

- **Organización personal**
  Pide a ChatGPT que diseñe una lista de tareas para un día muy ocupado.

- **Redacción de correos formales**
  Redactar un correo solicitando información.

- **Planificación de una comida o evento**
  Organizar una comida informal para amigos.

- **Resolución de dudas rápidas**
  Formular una duda práctica cotidiana.

- **Apoyo en el aprendizaje**
  Pedir una explicación sencilla sobre un concepto.

- **Creatividad y ocio**
  Solicitar un plan o una historia creativa.

¿Cuál es el resultado obtenido de ChatGPT?

- -

4. Resumen

El análisis detallado sobre el uso inicial de ChatGPT se estructura en torno a dos grandes ejes:

El estudio de su entorno gráfico e interfaz de usuario	La descripción de sus funciones básicas y características principales

La interfaz gráfica de usuario es intuitiva y orientada a facilitar el acceso a usuarios con distintos niveles de familiaridad tecnológica. El diseño de la pantalla principal se examina en términos de claridad, simplicidad y organización jerárquica de los elementos, aspectos que contribuyen a una interacción eficiente y cómoda. En cuanto al espacio y su escalabilidad, se evidencia una adaptación adecuada a múltiples dispositivos y tamaños de pantalla, lo cual garantiza una experiencia de usuario homogénea e inclusiva.

Existen elementos interactivos incorporados, tales como campos de texto, botones funcionales y menús de configuración, que permiten personalizar y dinamizar la interacción. Las funcionalidades de navegación están centradas en facilitar:

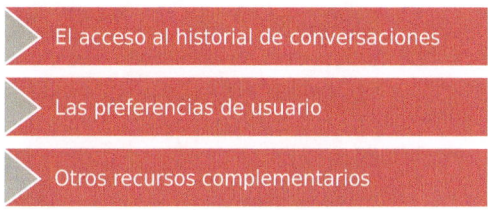

Entre las funciones básicas y principales características operativas de ChatGPT se destaca el inicio de una conversación, permitiendo realizar consultas, solicitudes de información y recibir respuestas adaptadas en tiempo real. Igualmente, las instrucciones y comandos que permiten modular el comportamiento del modelo, optimizando así la pertinencia y precisión de las respuestas. Las funciones básicas de estos comandos son:

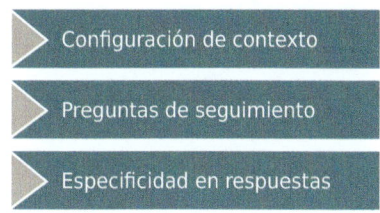

También existen algunas funciones ocultas como:

Para que una conversación sencilla continúe sin problemas, es importante tratar cada intercambio como una extensión del anterior, creando así un hilo conversacional. ChatGPT es muy capaz de mantener el contexto durante una interacción, pero sus habilidades mejoran enormemente cuando el usuario dirige el flujo de la conversación.

Algunos elementos esenciales para diseñar conversaciones creativas son:

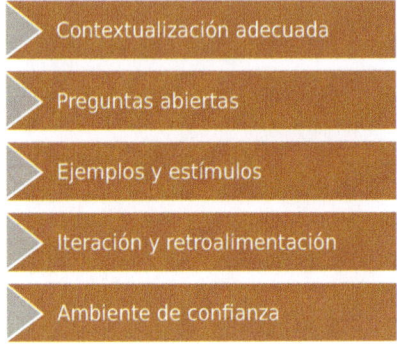

Contextualización adecuada

Preguntas abiertas

Ejemplos y estímulos

Iteración y retroalimentación

Ambiente de confianza

Ejercicios de autoevaluación
Unidad de Aprendizaje 2

1. **¿Cuál es la principal característica de la interfaz de usuario de ChatGPT?**

   a. Requiere instalación avanzada en el sistema.
   b. Es simple e intuitiva, accesible desde un navegador web.
   c. Funciona únicamente con comandos de programación.
   d. Solo puede utilizarse en dispositivos móviles.

2. **¿Qué permite realizar el uso básico de ChatGPT?**

   a. Obtener definiciones, resolver dudas y generar contenido.
   b. Solo mantener conversaciones sin sentido.
   c. Acceder a redes sociales directamente desde la plataforma.
   d. Realizar compras en línea.

3. **¿Qué debe hacer el usuario para iniciar una conversación con ChatGPT?**

   a. Escribir un mensaje o pregunta en lenguaje natural.
   b. Instalar un complemento de comandos de voz.
   c. Programar un *script* de acceso.
   d. Activar la opción de desarrollador.

4. **¿Cuál es la ventaja de dar instrucciones claras a ChatGPT?**

   a. Desactiva funciones avanzadas del modelo.
   b. Mejora la precisión y la personalización de las respuestas.
   c. Borra el historial de mensajes anteriores.
   d. Limita el tiempo de respuesta.

5. **¿Qué tipo de contenido puede generarse en una conversación creativa con ChatGPT?**

   a. Cuentos, poemas, diálogos ficticios e ideas originales.
   b. Solo operaciones matemáticas básicas.
   c. Comandos de línea para el sistema operativo.
   d. Informes científicos verificados por pares.

6. **¿Cuál de las siguientes afirmaciones describe correctamente una capacidad destacada de ChatGPT según el texto?**

   a. Puede generar contenido solo si se le proporcionan comandos estructurados y técnicos.
   b. Traduce únicamente los idiomas más hablados, como inglés y español.
   c. Entiende y responde al lenguaje natural de manera contextual y multilingüe.
   d. Su uso está limitado a tareas de programación y análisis de datos.

7. **Indica si las siguientes frases son verdadera o falsas.**

   a. ChatGPT puede mantener conversaciones creativas, como escribir historias o poemas.

      ■ Verdadero
      ■ Falso

   b. La interfaz de ChatGPT está diseñada para que solo programadores puedan utilizarla.

      ■ Verdadero
      ■ Falso

   c. Dar instrucciones claras y específicas mejora la calidad de las respuestas de ChatGPT.

      ■ Verdadero
      ■ Falso

8. **Relaciona los siguientes elementos.**

   a. Herramienta que permite mantener un diálogo con una inteligencia artificial.
   b. Modo de interacción que permite solicitar respuestas, ideas o explicaciones.
   c. Indicaciones específicas que mejoran la precisión de la respuesta de la IA.

__ Conversación
__ ChatGPT
__ Instrucciones

9. **¿Cuál es el primer paso para iniciar una conversación sencilla con ChatGPT según el texto?**

　　a. Formular preguntas muy generales sin contexto.
　　b. Establecer un contexto explícito o implícito para la interacción.
　　c. Iniciar con una afirmación larga y compleja.
　　d. Evitar dar detalles específicos para que ChatGPT interprete mejor.

10. **¿Cómo se recomienda manejar los malentendidos en una conversación con ChatGPT?**

　　a. Ignorar la respuesta y empezar de nuevo con otro tema.
　　b. Frustrarse y dejar de usar la IA.
　　c. Aclarar el enunciado con una corrección para guiar a ChatGPT a redefinir su respuesta.
　　d. Cambiar rápidamente a otro tema para evitar confusiones.

Consideraciones éticas y de seguridad

Contenido

Objetivos

El objetivo general de esta Unidad de Aprendizaje es:

→ Valorar las implicaciones éticas del uso de contenidos creados con ChatGPT.

Los objetivos generales de esta Unidad de Aprendizaje son:

→ Identificar los principales riesgos éticos asociados al uso de ChatGPT, especialmente en relación con la generación de contenido falso, ofensivo o inapropiado.

→ Evaluar los mecanismos de prevención y control implementados por los desarrolladores de ChatGPT para mitigar la generación de contenido perjudicial y analizar su efectividad desde una perspectiva ética y legal.

1. Introducción

En la actualidad, la inteligencia artificial influye en numerosos aspectos de la vida cotidiana, desde redes sociales hasta decisiones empresariales o sanitarias. Herramientas como ChatGPT representan avances significativos en la interacción entre humanos y tecnología, pero también plantean importantes desafíos éticos y de seguridad.

Este trabajo se centra en el uso responsable de ChatGPT, destacando cómo la ética y la seguridad son fundamentales para garantizar un impacto positivo. Sin una guía adecuada, estas tecnologías pueden generar contenidos inapropiados o perjudiciales, afectando a usuarios y comunidades.

Por ello es necesario establecer marcos éticos claros que orienten su desarrollo, implementación y uso. Desde el diseño del sistema hasta su interacción final, deben aplicarse medidas para prevenir el uso indebido y asegurar contenidos respetuosos y seguros.

La reflexión ética no es un ejercicio teórico, sino una necesidad práctica para mantener la confianza y la integridad en un entorno digital en expansión. Esta unidad de aprendizaje busca formar estudiantes conscientes y comprometidos, capaces de liderar el uso responsable de la inteligencia artificial con una visión inclusiva y humanista del progreso tecnológico.

Álex, nuestro administrativo, ya está convencido del uso beneficioso que tiene para su trabajo ChatGPT. La gran cantidad de información a la que puede acceder simplemente haciendo una pregunta y entablando una conversación hasta llegar a la respuesta adecuada que busca. Pero le surge la duda de hasta qué punto puede disponer de esa información y en qué ámbitos. ¿Puede usarla como idea original? ¿Se debe indicar que se ha obtenido por este medio?

2. Ética y responsabilidad en el uso de ChatGPT

 **HILO CONDUCTOR**

Álex entiende que el uso de inteligencias artificiales como ChatGPT requiere responsabilidad por parte de los usuarios. Desde una perspectiva ética, esta

Continúa en página siguiente >>

<< Viene de página anterior

herramienta debe utilizarse con honestidad, transparencia y respeto hacia los demás, como en la vida misma.

En un mundo donde la inteligencia artificial no solo es una tecnología emergente, sino un componente crítico de las operaciones diarias, es imperativo entender las implicaciones éticas y de responsabilidad en el uso de herramientas como ChatGPT. Este apartado introduce estas perspectivas cruciales, fundamentando la necesidad de responsabilidad en el contexto tecnológico actual.

La adhesión a ciertos principios éticos al emplear ChatGPT no es meramente un ejercicio académico, sino una obligación moral. Desentrañaremos los diversos aspectos éticos, desde la noción de transparencia hasta el problema del sesgo, explorando cómo deben orientar el desarrollo y uso de esta tecnología.

NOTA

El uso de inteligencias artificiales conversacionales como ChatGPT se ha expandido rápidamente en diversos ámbitos, desde la educación hasta la creación de contenido y la atención al cliente. Sin embargo, esta expansión conlleva importantes retos éticos, especialmente cuando la herramienta puede generar contenido perjudicial, falso o inapropiado. La falta de criterios claros sobre su uso responsable puede derivar en consecuencias negativas para individuos y colectivos, afectando la privacidad, la veracidad de la información y la integridad de los procesos educativos o profesionales.

2.1. Transparencia y comprensibilidad

Un principio fundamental es que las aplicaciones de IA deben ser transparentes. Para los usuarios, esto significa comprender cómo y por qué las respuestas son generadas. Aunque ChatGPT se basa en complejos modelos de aprendizaje profundo, explicar de manera comprensible cómo opera puede cultivar una mayor confianza del usuario. Hacer visible el funcionamiento interno de los algoritmos contribuye a un uso más informado y consciente.

Además, las empresas que implementan estas tecnologías deben ser abiertas acerca de los datos que usan para entrenar estos modelos, así como los fines para los que se utilizarán. La transparencia en los procesos de recolección y manipulación de datos no solo mitiga el escepticismo, sino que también respeta la autonomía del usuario, permitiendo decisiones más informadas.

Los desafíos más significativos para la IA son los siguientes:

Gestión de sesgos en el modelo	Protección de la privacidad
- Uno de los desafíos más significativos para la IA, incluidos los modelos como ChatGPT, es el **sesgo inherente.** Los datos utilizados durante el entrenamiento de estos modelos pueden contener sesgos sociales, culturales o de otro tipo que se reflejan en las respuestas generadas. Asumir la responsabilidad por estas salidas podría evitar perjuicios a comunidades específicas. - Es crucial implementar mecanismos de auditoría que identifiquen y mitiguen sesgos, fomentando un enfoque más inclusivo y justo en la IA. Los desarrolladores, las empresas y los reguladores deberían colaborar para establecer estándares que combatan activamente el sesgo. Al unir esfuerzos, no solo se rectifican injusticias potenciales, sino que se enaltece el valor de la IA como instrumento de progreso social.	- La cuestión de la privacidad es central en el uso responsable de ChatGPT. Los datos personales y sensibles deben ser manejados con la máxima precaución para proteger a los individuos de violaciones de su privacidad. Las políticas de privacidad claras e integrales, junto con tecnologías avanzadas de anonimización de datos, forman la base de la ética de datos. - Mantener la privacidad implica despersonalizar los datos y garantizar que no sean utilizados para propósitos no consensuados. Implementar protocolos de cifrado y realizar revisiones de seguridad periódicas es esencial para salvaguardar la confianza del usuario.

Responsabilidad compartida

La ética en el uso de ChatGPT no solo recae en los desarrolladores, sino también en los usuarios finales y las organizaciones que lo implementan. La responsabilidad compartida empodera a todas las partes implicadas para operar de acuerdo con principios éticos. Esto implica educar a los usuarios sobre el potencial y las limitaciones del uso de IA, promoviendo un manejo crítico y responsable.

La capacitación de los usuarios es vital, asegurando que comprendan cómo interactuar adecuadamente con ChatGPT. Las organizaciones tienen la responsabilidad de ofrecer directrices claras y proporcionar soporte continuo para maximizar la eficiencia y minimizar el abuso potencial.

Implicaciones en la toma de decisiones

Las respuestas de ChatGPT pueden influir en decisiones críticas. Es fundamental que los encargados de tomar decisiones consideren el modelo como una herramienta de apoyo y no como un dictamen infalible. El juicio humano debe prevalecer y moderar el uso de estas tecnologías, manteniendo su función como guía o complemento en el proceso de decisión.

El equilibrio entre IA y decisión humana se debe preservar, garantizando que ninguna dependencia de ChatGPT diluya la responsabilidad individual. Esto requiere un cultivo del pensamiento crítico y la conciencia del rol instrumental de la IA, asegurando que el poder de la decisión siempre permanezca, en última instancia, en manos humanas.

Impacto en la sociedad y sesgos culturales

El impacto social de ChatGPT y tecnologías similares puede ser profundo y multifacético. Como sociedad, debemos ser conscientes de cómo estas herramientas pueden replicar, amplificar o incluso modificar normas sociales existentes. Es crucial que los desarrolladores, usuarios y reguladores analicen proactivamente cómo las aplicaciones de IA pueden impactar inequívocamente diferentes sectores sociales.

Al identificar cómo se transfieren y perpetúan los sesgos culturales a través de ChatGPT, podemos implementar soluciones que ayuden a neutralizar estas tendencias. Esto integra un enfoque de sensibilidad cultural y refuerza el apoyo hacia una IA que es culturalmente competente y equitativa.

👁 EJEMPLO

Imaginemos que una inteligencia artificial es entrenada mayoritariamente con contenido en inglés, procedente de fuentes occidentales. Como resultado, al pedirle recomendaciones sobre estilos de liderazgo, tradiciones familiares o formas de educar a los hijos, la IA tiende a priorizar enfoques individualistas, propios de culturas anglosajonas, y deja de lado perspectivas colectivistas o comunitarias, más comunes en otras regiones como América Latina, Asia o África.

Este **sesgo cultural** puede generar varios impactos:

* Desinformación: los usuarios de culturas no representadas pueden recibir consejos poco aplicables o incluso contrarios a sus valores, generando confusión o rechazo.
* Pérdida de identidad cultural: al normalizar ciertas visiones del mundo y minimizar otras, se corre el riesgo de invisibilizar la diversidad cultural, reforzando una visión global homogénea.
* Reproducción de estereotipos: si el modelo asocia ciertas culturas con prácticas negativas o poco desarrolladas, puede fomentar prejuicios, incluso de forma no intencional.

Orientaciones regulatorias y cumplimiento

La regulación adecuada de ChatGPT desempeña un papel crucial en la orientación hacia un uso ético y responsable. La existencia de marcos legales sólidos puede garantizar la protección de los derechos del usuario, abordando cuestiones de privacidad, seguridad y equidad. Son necesarias políticas actualizadas y eficaces que regulen el entrenamiento y uso de modelos de IA.

Los estándares de cumplimiento no solo ayudan a mitigar posibles abusos, sino que también proporcionan a las empresas una hoja de ruta para implementar tecnologías responsablemente, potenciando su alineación con las expectativas sociales y éticas contemporáneas.

2.2. Principios éticos en el desarrollo de IA

En un mundo en el que los algoritmos y modelos de inteligencia artificial (IA) están asumiendo un papel central en la toma de decisiones, la ética en el desarrollo de estas tecnologías es más crucial que nunca. Previamente, discutimos la importancia de utilizar tecnologías como ChatGPT de manera responsable, pero ahora nos adentraremos en los fundamentos éticos que deben guiar a quienes se encuentran detrás del diseño y la implementación de sistemas de inteligencia artificial en el panorama digital contemporáneo.

Los principios éticos en el desarrollo de IA son los que se explican a continuación.

Transparencia y explicabilidad

Uno de los principios éticos cardinales en el desarrollo de sistemas de IA es la transparencia. A medida que los algoritmos gobiernan más aspectos de nuestra vida diaria, se hace fundamental que estos sistemas sean transparentes en su funcionamiento. No solo se trata de comprender lo que hace un sistema, sino de explicar cómo y por qué toma decisiones específicas. La explicabilidad permite garantizar que los usuarios y los afectados por las decisiones automatizadas puedan comprender las bases de dichas decisiones, fomentando la confianza y facilitando el escrutinio.

 **EJEMPLO**

Una IA que determina la elegibilidad para un préstamo debe ser capaz de explicar sus criterios de decisión. Si un solicitante es rechazado, debería recibir información detallada de los factores que influyeron en esa decisión, permitiendo así que las personas entiendan las áreas en las que podrían mejorar sus solicitudes futuras.

Justicia y equidad

El sesgo en la IA es un desafío ético importante que puede perpetuar y exacerbar injusticias sociales. Los desarrolladores deben asegurarse de que los sistemas de IA no discriminen a ningún grupo demográfico. Esto implica testar y ajustar constantemente los algoritmos para identificar y corregir sesgos que se introducen, a menudo, de manera involuntaria a través de datos históricos que son utilizados para entrenar los modelos.

 **EJEMPLO**

Un sistema de reconocimiento facial debe ser probado extensamente para garantizar que funciona de manera equitativa para todas las razas y géneros. Si se basa en datos que son predominantemente de una población específica, puede resultar en tasas de error significativamente mayores para otras, lo que conlleva consecuencias perjudiciales.

Responsabilidad

Los desarrolladores y las empresas deben asumir la responsabilidad de sus sistemas de IA. Esto significa que deben estar listos para responder por los impactos de las tecnologías que desarrollan, tanto si estos son intencionales como si no. La responsabilidad debe incluir tanto la fase de diseño como la operativa, asegurando que existe un mecanismo claro para manejar los problemas que surjan.

 **EJEMPLO**

Si una IA utilizada en un diagnóstico médico automatizado comete un error que afecta a un paciente, la entidad responsable de dicho sistema debería estar preparada para revisar el caso y proporcionar reclamos y rectificaciones.

Consentimiento informado y autonomía

En las interacciones humanas con sistemas de IA, el consentimiento informado y el respeto por la autonomía de los individuos son esenciales. Esto significa que los usuarios deben tener una comprensión clara de cuándo están interactuando con una IA y qué implicaciones tiene esa interacción. Además, los usuarios deberían tener la posibilidad de optar por no participar, proporcionando un consentimiento informado para compartir su información personal.

 **EJEMPLO**

Los usuarios de una aplicación de domótica deberían ser claramente informados cuando sus datos se recopilan para personalizar su experiencia de automatización del hogar. Asimismo, deberían poder elegir si desean que sus datos sean recopilados y utilizados de esa manera.

Privacidad y seguridad

La privacidad es una preocupación ética omnipresente en el desarrollo de IA. Los datos impulsan estos sistemas, pero con grandes cantidades de datos personales se intensifican las preocupaciones sobre cómo se gestionan y protegen estos datos. Los desarrolladores deben implementar medidas de seguridad robustas para proteger la privacidad de los usuarios, al tiempo que garantizan que sus sistemas no se conviertan en objetivos fáciles para ciberataques.

 **EJEMPLO**

Para un sistema de IA que personaliza la experiencia de compra en línea recopilando datos de comportamiento, se debe asegurar que los mecanismos de seguridad protegen adecuadamente la información personal contra fugas de datos y accesos no autorizados.

Beneficencia y no maleficencia

Estas dos propuestas éticas derivadas de la bioética tradicional se aplican también al desarrollo de IA: beneficencia, que consiste en promover el bienestar, y no maleficencia, que dicta no causar daño. El propósito de todo sistema de IA debería ser, fundamentalmente, **mejorar la vida humana y prevenir daños.**

 **EJEMPLO**

Al diseñar una IA para asistencia sanitaria, los desarrolladores deben asegurarse de que cualquier recomendación o diagnóstico dado promueva la salud del paciente y no lo exponga a ningún daño innecesario debido a errores en el algoritmo o a datos desactualizados.

Sostenibilidad y conciencia ambiental

El impacto ambiental del desarrollo y la implementación de IA es un área emergente de interés ético. Ejecutar grandes modelos de IA requiere una cantidad significativa de energía, contribuyendo a la huella de carbono global. Debemos considerar el desarrollo sostenible, priorizando diseños y prácticas que minimicen el impacto ambiental.

 **EJEMPLO**

Las empresas deberían estudiar formas de optimizar la eficiencia de sus centros de datos con energía renovable y buscar desarrollar algoritmos que requieren menos recursos computacionales para funcionar eficazmente.

Inclusión y accesibilidad

La IA debe ser accesible para todos, independientemente de las diferencias socioeconómicas, culturales o capacitaciones. Al desarrollar sistemas de IA, es necesario considerar su accesibilidad desde una perspectiva amplia, asegurando que puedan ser utilizados por personas con discapacidades físicas, cognitivas y sensoriales.

 EJEMPLO

Los asistentes virtuales deberían ser diseñados con funciones de accesibilidad integradas que permitan su uso por parte de personas con discapacidades visuales o auditivas, como interfaces de voz más intuitivas o compatibilidad con tecnologías de lectura de pantalla.

Adaptabilidad y evolución contextual

A medida que la tecnología y las necesidades sociales evolucionan, también deben hacerlo nuestros marcos éticos para el desarrollo de IA. Los sistemas de IA deben ser diseñados con flexibilidad suficiente para adaptarse a nuevas normativas, pautas sociales y avances tecnológicos.

 EJEMPLO

Un sistema de análisis de tráfico que pueda adaptarse a cambios regulatorios en tiempo real, como nuevas normativas de privacidad o pautas emergentes sobre el uso compartido de datos de ubicación.

Interacción humano-máquina ética

Finalmente, la interacción entre humanos y máquinas debe ser estructurada bajo principios éticos que aseguren que la IA no deshumanice o despersonalice nuestras experiencias y relaciones. Los sistemas de IA deben ser diseñados para complementar y fortalecer las capacidades humanas en lugar de reemplazarlas por completo.

 **EJEMPLO**

Las IA que se utilizan en entornos laborales para optimizar la productividad deberían enfocarse en complementar las habilidades humanas, permitiendo a los trabajadores centrarse en tareas creativas o de toma de decisiones complejas, mientras las tareas repetitivas o administrativas son gestionadas por la máquina.

 SABÍAS QUE...

En 2018, Amazon tuvo que desechar un sistema de inteligencia artificial para contratación de personal porque descubrieron que su algoritmo mostraba discriminación de género. El modelo había sido entrenado con datos de currículums de los últimos 10 años, en su mayoría de hombres, por lo que la IA aprendió a favorecer a candidatos masculinos y penalizar palabras asociadas con mujeres, como "presidenta" o "líder de equipo femenino".

¿Por qué es relevante?

Este caso mostró cómo una IA puede reforzar las desigualdades existentes si se alimenta de datos sesgados y demostró que la justicia y la equidad no solo deben estar en el resultado, sino también en el diseño y entrenamiento del modelo.

A continuación, presentamos un ejemplo de caso ético positivo en la interacción hombre-máquina.

 **EJEMPLO**

IA en la detección temprana del cáncer de mama

Un equipo de investigadores del MIT y de hospitales en EE. UU. desarrolló un sistema de inteligencia artificial que puede detectar el cáncer de mama hasta cinco años antes de que aparezca en las mamografías tradicionales. Lo más notable de este caso es que el equipo entrenó el modelo con datos representativos de mujeres de distintas etnias y edades, lo cual ayudó a evitar sesgos comunes en la medicina, donde los algoritmos suelen funcionar mejor para poblaciones mayoritarias.

¿Por qué es un ejemplo de interacción ética hombre-máquina?

- Justicia y equidad: se buscó activamente que la IA funcionara bien para todas las personas, sin importar su origen.
- Complemento humano: no reemplazó a los médicos, sino que trabaja junto a ellos para mejorar el diagnóstico.
- Transparencia y responsabilidad: se publicaron los resultados y limitaciones del modelo, fomentando un uso responsable y consciente.

Al adherirse a estos principios éticos en el desarrollo de IA, podemos asegurarnos de que la tecnología se despliegue de manera responsable, contribuyendo al bienestar general y al progreso social, respetando los derechos humanos fundamentales y la dignidad de todas las personas.

 ACTIVIDAD COMPLEMENTARIA

3. Busca una noticia, reportaje o artículo reciente (últimos tres años) que hable sobre el uso de inteligencia artificial en procesos de selección de personal, cribado de currículums, entrevistas automatizadas o evaluación de candidatos. Preferiblemente que esté relacionada con las grandes tecnológicas o distribuidoras en EE. UU.

Responde a las siguientes preguntas y justifica tu respuesta:

Continúa en página siguiente >>

<< Viene de página anterior

- ¿El algoritmo garantiza igualdad de oportunidades o reproduce sesgos (de género, edad, origen, etc.)?
- ¿Se ha evaluado su impacto sobre colectivos minoritarios?
- ¿La IA asiste al equipo de recursos humanos o toma decisiones de forma autónoma?
- ¿Qué papel conservan los responsables humanos en el proceso?
- ¿Los candidatos saben que están siendo evaluados por una IA?
- ¿Se explican los criterios de evaluación? ¿Hay forma de reclamar o revisar decisiones?

2.3. Responsabilidad del usuario

En la era de la inteligencia artificial y las tecnologías avanzadas, la interacción con sistemas complejos como ChatGPT se ha convertido en una experiencia cotidiana para muchos usuarios. Sin embargo, en esta complejidad inherente, se destaca una realidad fundamental: la responsabilidad individual del usuario en la utilización de estas herramientas. El potencial de la IA para transformar nuestra cotidianeidad es inmenso, pero conlleva el deber intrínseco de usarlas ética y prudentemente. Este capítulo explorará la naturaleza de la responsabilidad del usuario en el contexto de las herramientas de inteligencia artificial, destacando sus dimensiones éticas, legales y prácticas.

La ética de la utilización de IA

En el apartado anterior, hemos abordado los principios éticos en el desarrollo de la inteligencia artificial. A medida que estos principios son integrados por los desarrolladores, también es imperativo que los usuarios finales mantengan un marco ético robusto al interactuar con estas tecnologías. La ética en el uso de IA empieza con la comprensión de que toda acción dentro de las plataformas digitales tiene consecuencias.

Uno de los componentes clave de la responsabilidad del usuario es el entendimiento claro del propósito de la IA y sus limitaciones inherentes. ChatGPT, por ejemplo, es una herramienta diseñada para asistir en tareas que van desde la generación de texto hasta el mantenimiento de diálogos conversacionales. Sin embargo, no está diseñada para ofrecer consejos médicos, legales o financieros específicos o ser utilizada como una fuente de autoridad final. Los usuarios deben ser conscientes de estas restricciones para evitar malentendidos o decisiones mal informadas basadas en la información proporcionada por la IA.

Los elementos que tener en cuenta para la buena utilización de IA son:

- **Transparencia y control de la información.** La transparencia es crucial no solo para los desarrolladores, sino también para los usuarios. Comprender de qué manera la información personal es recopilada, almacenada y utilizada por sistemas avanzados es fundamental. Los usuarios deben estar al tanto de las políticas de privacidad de las plataformas que utilizan y deben ejercer un control informado sobre qué información deciden compartir.
  Un modelo práctico de responsabilidad es asumir un rol activo en la protección de datos. Se anima a los usuarios a ser cautelosos al introducir datos sensibles en cualquier sistema de IA y considerar cómo esos datos podrían ser utilizados de manera no intencionada. Por ejemplo, los asistentes digitales que recogen datos para personalizar experiencias de usuario pueden también ser objeto de vulnerabilidades de seguridad si no se supervisan adecuadamente.
- **Uso ético y no malintencionado.** La IA, aunque robusta en sus capacidades, es susceptible de ser utilizada de formas éticamente cuestionables o dañinas. Los usuarios tienen la responsabilidad de evitar prácticas como la producción y difusión de desinformación, acoso o uso de la plataforma para fines ilegales. El uso de avanzada inteligencia artificial para manipular hechos o crear información falsa, conocido como generación de *deepfakes,* subraya la necesidad de ser conscientes del impacto negativo que tales acciones pueden tener en individuos y sociedades.
  El compromiso con la ética también implica evitar promover ideologías de odio o discriminación a través de estas plataformas. Los sistemas de IA como ChatGPT son entrenados para identificar y mitigar tales usos con base en sus configuraciones y programación continua. Sin embargo, los usuarios también deberían evaluar el contenido que generan con un lente de responsabilidad ética.
- **Consecuencias y responsabilidad legal.** Legalmente, la responsabilidad del uso inapropiado de tecnología recae con frecuencia en el usuario final, quien puede ser objeto de regulaciones que encuadran su uso. Dependiendo de las jurisdicciones y el contexto, la difusión de ciertos contenidos puede tener consecuencias legales serias para el usuario. El marco legal en torno a la IA y la tecnología está en constante evolución y comprender el contexto legal y los derechos y responsabilidades relacionados es parte integral del uso responsable.

A continuación, mostramos un ejemplo sobre uso de responsabilidad legal en la utilización de la IA.

 **EJEMPLO**

Caso de la empresa Clearview AI (Estados Unidos, 2020)

Clearview AI desarrolló un sistema de reconocimiento facial que recopiló más de 3.000 millones de imágenes de personas en internet sin su consentimiento, extrayéndolas de redes sociales como *Facebook, X* o *LinkedIn*. Esta tecnología fue vendida a agencias de seguridad sin cumplir con normativas de privacidad.

Consecuencias legales y éticas:

- Demandas judiciales: varias organizaciones y gobiernos demandaron a la empresa por violar leyes de privacidad, como la Ley de Privacidad del Consumidor de California (CCPA) y el Reglamento General de Protección de Datos (GDPR) en Europa.
- Órdenes de cese: algunos países, como Canadá y Australia, ordenaron que Clearview eliminara los datos de sus ciudadanos y prohibieron su uso.
- Cuestionamientos éticos: se acusó a la empresa de violar derechos fundamentales, como el derecho a la privacidad y al consentimiento informado.
- Lección: este caso demuestra que el uso no ético de la IA puede acarrear graves consecuencias legales, económicas y reputacionales, además de poner en riesgo los derechos humanos.

Educación continua y alfabetización tecnológica

Parte de fomentar una comunidad de usuarios responsables implica la necesidad continua de educación y alfabetización tecnológica. La comprensión de cómo funciona la IA, los sesgos que puede contener y las implicaciones éticas de estos sesgos pueden equipar a los usuarios para tomar decisiones informadas. Esta alfabetización no solo promueve un mejor uso de las herramientas, sino que también impulsa una cultura de innovación responsable.

Los avances tecnológicos son rápidos, por lo que se aconseja a los usuarios mantenerse al tanto de las últimas investigaciones y discusiones sobre el uso de la tecnología. Participar en grupos o foros que conversen sobre estos temas puede proporcionar a los usuarios una comprensión más rica de cómo su uso de la tecnología puede ser adaptado para contribuir positivamente a la sociedad.

Las opciones para conseguir una buena educación y alfabetización tecnológica son:

Cursos y talleres accesibles para todos los niveles
- Universidades, ONG o gobiernos pueden ofrecer talleres gratuitos o subvencionados sobre ética en IA, ciberseguridad, privacidad digital y uso consciente de tecnologías.

Inclusión de contenidos digitales en la educación formal
- Incluir desde etapas escolares asignaturas o módulos sobre pensamiento computacional, sesgos algorítmicos y ciudadanía digital.
- Fomentar el pensamiento crítico frente al uso de la tecnología.

Campañas de sensibilización y alfabetización mediática
- Programas en medios de comunicación y redes sociales para enseñar a la población a identificar noticias falsas, entender cómo funciona una IA y qué derechos tienen como usuarios.

Formación continua en sectores clave (educación, salud, justicia)
- Capacitación periódica de profesionales en sectores sensibles, para que sepan cómo aplicar la IA respetando principios éticos y legales.

Bibliotecas digitales y espacios comunitarios de aprendizaje
- Fomentar centros públicos donde las personas puedan acceder a tecnologías, recibir orientación y participar en proyectos de alfabetización digital.

 **EJEMPLO**

Google Actívate, Coursera y *edX* ofrecen cursos de introducción a la IA con enfoque ético.

Colaboración y comunidad

La responsabilidad del usuario no termina en el uso individual, sino que se extiende a la creación de una comunidad responsable. Colaborar con otros usuarios para fomentar la cultura de un uso responsable y ético es vital. Esto puede incluir compartir experiencias positivas y negativas para educar a otros, así como reportar comportamientos inapropiados que se encuentren en las plataformas de IA.

Las plataformas que fomentan comunidades activas tienen mayor capacidad para detectar usos incorrectos y proporcionar soporte. Al involucrarse en comunidades digitales, los usuarios pueden ayudar a definir normas y políticas que refuercen la integridad y fiabilidad de la inteligencia artificial.

Un compromiso personal

En última instancia, la responsabilidad del usuario en el uso de ChatGPT y otras tecnologías de IA es un compromiso personal. Implica un enfoque introspectivo, donde cada usuario debe reflexionar sobre sus motivaciones, el impacto potencial de sus acciones y cómo estas contribuciones ayudan o perjudican a la sociedad en general. Mediante el uso responsable y ético de la tecnología, se puede maximizar su beneficio mientras se minimizan los riesgos asociados.

La responsabilidad del usuario no solo abarca la manera de utilizar la tecnología, sino cómo estos usos reflejan los valores e integridad del individuo. Al adherirse a principios éticos, practicar un juicio informado y contribuir a la educación continua, cada usuario puede ejercer una influencia positiva en el uso de la inteligencia artificial, reforzando sus capacidades y asegurando un futuro donde la tecnología beneficie a todos, respetando y protegiendo la dignidad humana en todas sus formas.

 **PARA SABER MÁS**

Para profundizar en las consideraciones éticas y de responsabilidad en el uso de ChatGPT, puedes consultar los siguientes recursos:

Continúa en página siguiente >>

<< Viene de página anterior

1. Guía de ética en el uso de ChatGPT: proporciona una visión general de las fortalezas y debilidades de ChatGPT, con el objetivo de informar a los estudiantes sobre los pros y contras de su uso.

https://redirectoronline.com/comm00320301

2. Consideraciones éticas para desarrolladores: discute aspectos críticos como la privacidad, confidencialidad, transparencia y consentimiento en el desarrollo y uso de ChatGPT.

https://redirectoronline.com/comm00320302

3. Artículo de opinión sobre IA y moral en universidades: reflexiona sobre la responsabilidad de las instituciones educativas en el uso ético de tecnologías como ChatGPT.

https://redirectoronline.com/comm00320303

3. Análisis de la generación de contenido perjudicial y/o inapropiado

 **HILO CONDUCTOR**

Álex decide llevar a cabo un buen análisis de la generación de contenido para determinar el posible uso perjudicial. Para ello primero debe definir qué considera perjudicial y, una vez aclarado esto, formular preguntas o comandos que potencialmente puedan generar contenido sensible o riesgoso.

En una era donde la inteligencia artificial (IA) se ha convertido en una herramienta ubicua para la creación y distribución de información, es ineludible abordar las complejas cuestiones relacionadas con el contenido perjudicial o inapropiado generado por estas tecnologías avanzadas. Mientras que las capacidades de modelos de lenguaje como ChatGPT han revolucionado la forma en la que interactuamos y generamos contenido en el entorno digital, también han traído consigo desafíos críticos que deben ser comprendidos y abordados minuciosamente.

La generación de contenido perjudicial e inapropiado puede manifestarse de numerosas maneras, incluidas la **desinformación, el discurso de odio y los sesgos dañinos,** impactando negativamente en los usuarios y comunidades a nivel global. Para un análisis exhaustivo, primero debemos desglosar cómo estas situaciones surgen, además de identificar las tecnologías subyacentes y los marcos éticos implicados.

NOTA

En esencia, ChatGPT se basa en grandes cantidades de datos para aprender las complejidades del lenguaje humano. Su capacidad para generar texto coherente y relevante se basa en modelos de aprendizaje profundo que comprenden y predicen el próximo fragmento de texto con base en el contexto proporcionado. Sin embargo, esta dependencia de extensos corpus de datos plantea riesgos inherentes. Si los datos de entrenamiento contienen información tendenciosa o inexacta, el modelo puede reproducir estas distorsiones, generando contenido perjudicial e inapropiado.

Importante es también el hecho de que ChatGPT no tiene un entendimiento real del mundo, careciendo de juicio o discernimiento moral propio. Lo que significa que, cuando se le instruye para producir contenido, sigue patrones lingüísticos sin contextualizar el potencial impacto ético o social de sus acciones.

Algunos elementos de contenido perjudicial son los siguientes:

- ⮞ **Desinformación: datos erróneos y falsedades.** La desinformación se encuentra entre las formas más insidiosas y peligrosas de contenido perjudicial que puede emanar de estos sistemas. ChatGPT puede, sin la adecuada supervisión, crear o amplificar información inexacta, ya sea intencionada o erróneamente, debido a una falta de restricciones sólidas o a sesgos en sus datos de entrenamiento. Ejemplos de esto pueden incluir la creación de teorías de conspiración, noticias falsas o malinterpretaciones de eventos científicos.

  El impacto de la desinformación puede ser devastador, desde influir en elecciones políticas y crear pánico masivo hasta socavar la confianza en instituciones clave como medios o entidades gubernamentales. La velocidad a la que el contenido puede viralizarse amplifica el problema, exigiendo medidas proactivas para mitigar este fenómeno.

- ⮞ **Discurso de odio: promoción de ideologías perjudiciales.** Otra área preocupante es la del discurso de odio y el lenguaje que promueve la discriminación o la violencia. Como modelos lingüísticos reflejan la cultura en la que se entrenaron, si no se filtran adecuadamente, pueden generar contenido que perpetúe el racismo, sexismo, xenofobia y otras ideologías dañinas. Esto no solo refuerza estereotipos negativos, sino que también puede incitar a la violencia, contribuyendo a un entorno digital hostil y polarizado.

  El procesamiento del lenguaje natural debe integrar estrategias de detección y moderación de contenido que garanticen una salida segura, justa y equitativa, esforzándose por reflejar la diversidad y eliminar narrativas que perpetúen el daño.

- ⮞ **Sesgos inherentes: el reflejo de una sociedad imperfecta.** Los sesgos, tanto en datos como en modelo, representan otro desafío crítico en la generación de contenido. Pueden tomar muchas formas, incluidas aquellas relacionadas con la raza, el género, la orientación sexual y el estatus socioeconómico, entre otras. Los modelos como ChatGPT pueden capitalizar inconscientemente sobre estereotipos dañinos o prejuicios históricos, proyectándolos a un público amplio.

  Por ejemplo, un asistente de IA podría, basado en sus patrones de entrenamiento, generar respuestas que perpetúen la creencia de que ciertos perfiles demográficos son más aptos para tareas específicas o que ciertos comportamientos son interesantes solo por aquellos de un determinado grupo social. Estos sesgos, aun cuando sutiles, pueden socavar los principios de equidad y justicia social al replicar y reforzar estructuras de poder desiguales.

➲ **Instrumentalización del contenido: herramienta para fines maliciosos.** El potencial de ChatGPT para generar texto convincente también lo convierte en un arma de doble filo. Los malos actores pueden deliberadamente aprovechar esto para crear contenido perjudicial, desde manuales para actividades ilegales hasta suplantaciones de identidad que erosionan la confianza y la seguridad en línea. Esta instrumentalización plantea desafíos éticos importantes sobre cómo los creadores de IA y las plataformas que las utilizan deberían abordar la responsabilidad del uso de sus herramientas.

 **EJEMPLO**

A continuación, presentamos un ejemplo de este contenido perjudicial.

Desinformación en contenidos IA

Situación:

Un usuario pregunta a una IA conversacional:

"¿Cuáles son los efectos beneficiosos del dióxido de cloro para tratar el COVID-19?".

Respuesta de la IA (caso real en versiones iniciales de modelos de lenguaje):

"El dióxido de cloro ha sido promovido por algunos como una cura alternativa para el COVID-19. Algunos testimonios aseguran que ayuda a eliminar el virus del cuerpo, aunque no ha sido aprobado oficialmente por todas las agencias de salud".

¿Por qué es desinformación?

- El dióxido de cloro no es un tratamiento aprobado ni seguro para ninguna enfermedad y puede ser tóxico.
- Mencionar "testimonios" sin evidencias científicas puede dar legitimidad a prácticas peligrosas.
- La falta de una postura clara en contra del uso médico indebido puede inducir a error al lector.

Continúa en página siguiente >>

<< Viene de página anterior

Consecuencias potenciales:

- Personas vulnerables podrían automedicarse.
- Rechazo de tratamientos médicos reales.
- Circulación viral del contenido falso en redes sociales.

3.1. Estrategias de mitigación: hacia un uso responsable y seguro

Comprender el potencial perjudicial del contenido creado por la IA es solo el primer paso; implementar medidas efectivas para mitigar estos riesgos es crucial. Aquí es donde el análisis profundo se vuelve acción, desarrollando estrategias que incluyen, pero no se limitan a, mejorar la transparencia y responsabilidad en la gestión de los modelos de lenguaje.

Las estrategias para un uso responsable son:

Filtrado y moderación estrictos
- Desarrollar mecanismos en la programación para monitorear y filtrar contenido perjudicial antes de que llegue a los usuarios finales es esencial. Herramientas de reconocimiento y moderación de discurso, como filtros basados en datos sintácticos y semánticos, ayudarán a erradicar información peligrosa.

Evaluación y entrenamiento continuo
- La vigilancia regular del contenido generado y el refuerzo de datos de entrenamiento para abordar y corregir sesgos son igualmente vitales. Modelos de lenguaje deben ser evaluados e iterados con datos más robustos, considerados y diversos.

Implementación de límites contextuales
- Inclusión de protocolos para que la IA identifique información sensible o potencialmente dañina y evite responder o solicite la intervención de humanos cuando sea necesario, asegurando que no se produzcan respuestas inapropiadas.

Continúa en página siguiente >>

<< Viene de página anterior

> **Fomento de la colaboración intersectorial**
> - Con los retos iniciales tendiendo a ser anticipados más que resueltos, una colaboración integral es clave. Esto debería implicar tanto a desarrolladores y académicos de IA como a responsables políticos y a la sociedad civil, asegurando que se discutan amplias cuestiones éticas y de seguridad que informen las normativas y directrices futuras.

 **EJEMPLO**

Un ejemplo de fomento de la colaboración intersectorial para la mitigación es el Proyecto Partnership on AI (PAI).

El Partnership on AI es una organización internacional sin fines de lucro que reúne a empresas tecnológicas (como *Google, Meta, Amazon, IBM* y *Microsoft),* universidades, ONG, Gobiernos y grupos de derechos humanos. Su objetivo es crear estándares éticos y buenas prácticas en el desarrollo y uso de inteligencia artificial, incluyendo la prevención de desinformación, sesgos y contenidos nocivos.

¿Por qué es un ejemplo de colaboración efectiva?

- Sector privado: aporta recursos técnicos y plataformas donde la IA se despliega.
- Academia: contribuye con investigación crítica y análisis ético.
- Gobierno: define marcos legales y políticas públicas para la regulación.
- Sociedad civil: representa a grupos vulnerables y promueve los derechos humanos.

Gracias a esta colaboración, se han desarrollado:

- Guías para el uso responsable de modelos generativos.
- Estudios sobre sesgos algorítmicos y su impacto social.
- Recomendaciones para mitigar la desinformación y el uso malintencionado de la IA.

3.2. Detección de contenido inapropiado

La detección de contenido inapropiado es una de las áreas más críticas en la aplicación de tecnologías como ChatGPT, especialmente en un entorno digital donde el flujo de información es incesante y puede tener impactos tanto positivos como negativos. Este apartado se centra en desentrañar los métodos, desafíos y tecnologías implicados en la identificación de contenido que pueda ser considerado inapropiado, incluidos aspectos éticos y técnicos esenciales para gestionar estas situaciones.

 **DEFINICIÓN**

Contenido inapropiado

Se refiere a cualquier material que resultaría problemático o dañino para el público objetivo debido a su naturaleza ofensiva, violenta, falsa o que infringe las directrices éticas y legales establecidas por plataformas digitales y organismos reguladores. La amplitud de esta definición implica que lo que es inapropiado en un contexto puede no serlo en otro, lo que añade una capa de complejidad a su detección.

Históricamente, la tarea de **filtrar contenido inadecuado** recayó por completo en los seres humanos, a través de la **moderación manual.**

Sin embargo, con el auge de la inteligencia artificial, se han desarrollado sistemas de moderación automatizada que utilizan algoritmos avanzados para detectar contenido problemático. Las técnicas que emplean estos sistemas para analizar grandes volúmenes de datos y determinar patrones de contenido inapropiado son las que se desarrollan a continuación.

Procesamiento del lenguaje natural (PLN o NLP, en inglés)

El PLN es una rama de la inteligencia artificial que permite a las máquinas entender, interpretar y generar lenguaje humano.

¿Cómo se aplica para detectar contenido inapropiado?

Análisis léxico y semántico	- Identifica palabras ofensivas, lenguaje violento, amenazas, discursos de odio o términos sensibles.
Reconocimiento de contexto	- Por ejemplo, detectar si una frase aparentemente neutral ("Qué suerte tienes") tiene un tono sarcástico o connotación negativa según el entorno.
Clasificación de textos	- Asigna etiquetas como "contenido ofensivo", *"spam"*, "comentario seguro", etc.

EJEMPLO

Una plataforma de comentarios *online* puede usar PLN para bloquear automáticamente insultos o lenguaje sexual explícito, incluso si se escriben con errores intencionados ("hij@ de p...").

- -

Aprendizaje automático *(machine learning* o ML)

El aprendizaje automático consiste en entrenar a un sistema para que aprenda a partir de datos, sin estar programado de forma explícita para cada tarea.

¿Cómo se aplica en este contexto?

- Se alimenta al sistema con miles o millones de ejemplos de contenido etiquetado como "adecuado" o "inapropiado".
- El modelo aprende patrones estadísticos: combinaciones de palabras, estilos de escritura, emojis, uso de mayúsculas, etc.
- Una vez entrenado, puede predecir automáticamente si un nuevo texto es problemático.

IMPORTANTE

El aprendizaje automático tiene como ventaja que permite adaptarse a nuevas formas de lenguaje ofensivo que no están en las listas tradicionales (por ejemplo, memes con doble sentido o palabras nuevas).

Aprendizaje profundo (*deep learning* o DL)

Es una subárea del aprendizaje automático que utiliza redes neuronales artificiales profundas, imitando el funcionamiento del cerebro humano.

¿Cómo mejora el análisis?

> Puede entender relaciones complejas en grandes volúmenes de datos, incluso sin intervención humana directa.

> Reconoce no solo palabras, sino también el tono general de una conversación, emociones, ironía e incluso intenciones ocultas.

> Modelos como transformers (por ejemplo, el que usa ChatGPT) permiten trabajar con el contexto completo de una conversación, no solo frases aisladas.

La aplicación del aprendizaje profundo consiste en detectar que una conversación aparentemente inocente entre un adulto y un menor en una red social tiene un patrón de *grooming* (acercamiento sexual encubierto) gracias al análisis de tono, frecuencia, historial de mensajes y comportamiento del usuario.

3.3. Métodos de detección. *Recall*

Uno de los métodos más comunes para la detección automatizada es a través del **uso de listas negras,** que contienen palabras o frases que, si aparecen en un texto, hacen que este sea clasificado como potencialmente inapropiado. Aunque eficaz hasta cierto punto, este método tiene limitaciones significativas. La complejidad del lenguaje humano, con sus matices y contextos cambiantes, puede hacer que una simple lista negra sea insuficiente para capturar el espectro completo de contenido inapropiado. Además, los usuarios malintencionados pueden evadir estas restricciones fácilmente mediante cambios sutiles en el lenguaje.

Más avanzada es la **aplicación de algoritmos de clasificación de texto** que basan su funcionamiento en la detección de características de lenguaje específicas asociadas con contenido problemático. Estos algoritmos utilizan modelos entrenados en grandes conjuntos de datos para reconocer patrones estadísticos que son indicativos de contenido inapropiado.

 **EJEMPLO**

Los sistemas de aprendizaje automático pueden analizar una secuencia de palabras y contextos para predecir la probabilidad de que sean consideradas inapropiadas. Estos sistemas utilizan modelos de lenguaje como los de neuronas artificiales convolucionales (CNN) o los modelos de transformadores, que son particularmente eficaces para entender el contexto y la semántica del lenguaje.

Sin embargo, la detección no es un ejercicio exento de desafíos. Uno de los mayores inconvenientes es el **sesgo inherente** en los datos de entrenamiento y en los algoritmos. Si los conjuntos de datos usados para entrenar estas herramientas están sesgados, las decisiones automatizadas también lo estarán, lo que podría llevar a malinterpretaciones o al enjuiciamiento del contenido que no es intrínsecamente inapropiado.

Además, el balance entre precisión y *recall* en estos sistemas es delicado. Un enfoque excesivamente agresivo en la detección puede llevar a falsos positivos, censurando así contenido legítimo o inocuo. Por otro lado, un enfoque demasiado permisivo puede resultar en falsos negativos, permitiendo que el contenido inapropiado se distribuya y cause potencialmente daño.

 **DEFINICIÓN**

Recall
También llamado sensibilidad o *true positive rate*, es un concepto crucial cuando hablamos de evaluar sistemas de IA diseñados para detectar contenido inapropiado, como odio, violencia, acoso o desinformación.

- -

El *recall* mide la capacidad del sistema para detectar correctamente todos los casos reales de contenido inapropiado. Matemáticamente se expresa como:

$$Recall = \frac{(\text{verdaderos positivos})}{(\text{verdaderos positivos} + \text{falsos negativos})}$$

Un **alto** *recall* significa que el sistema **detecta la mayoría del contenido inapropiado** que aparece.

Un **bajo** *recall* significa que **mucho contenido inapropiado pasa desapercibido** (es decir, hay muchos falsos negativos).

Cuando se trata de moderar contenido que puede ser dañino (como incitación al odio o abuso infantil), **no detectar esos casos puede tener consecuencias graves.**

Por eso, **un buen sistema de detección debe tener un** *recall* **alto,** incluso si eso significa que a veces se bloquea contenido que no era dañino (lo que se evalúa con la precisión).

Este sistema cuenta con las siguientes **consideraciones éticas:**

Demasiado bajo	- Deja pasar contenido peligroso → puede dañar a personas o comunidades
Demasiado alto, sin control de precisión	- Puede censurar contenidos legítimos o expresiones culturales

Por eso siempre se busca **un equilibrio entre *recall* y precisión,** dependiendo del contexto y el nivel de riesgo aceptable.

Adoptar un **enfoque híbrido de moderación,** que combine la detección automática con la revisión humana, es una solución que muchas plataformas están implementando. Esto permite que se aprovechen las capacidades de los algoritmos para manejar grandes volúmenes de información, mientras que los revisores humanos entran en juego para situaciones más complejas que requieren juicio contextual y matices que una máquina puede no recoger adecuadamente.

Además, hay desarrollos recientes en técnicas que permiten una moderación más sensible y culturalmente consciente, utilizando inteligencia artificial para adaptarse a diferentes marcos culturales y normativos. Estas técnicas incluyen **enfoques multietapas** donde el contenido se filtra inicialmente a través de IA básica para eliminar lo claramente inapropiado y luego entra en un proceso de evaluación más profunda si no se determina inmediatamente como problemático.

 **EJEMPLO**

Te mostramos un ejemplo de uso de ChatGPT en moderación híbrida. Una plataforma educativa que utiliza ChatGPT para tutorías automatizadas en foros escolares:

- Moderación automática: ChatGPT analiza las preguntas y respuestas para detectar lenguaje ofensivo, *spam* o incitación al odio, marcando automáticamente el contenido problemático.
- Revisión humana: si un mensaje queda en una "zona gris" (por ejemplo, contiene ironía, una crítica o es culturalmente ambigua), el sistema lo remite a un moderador humano antes de eliminarlo o marcarlo como inapropiado.
- Adaptación cultural: ChatGPT se ha ajustado para detectar expresiones coloquiales o sensibles en diferentes países de habla hispana, aplicando criterios diferenciados según el contexto local (por ejemplo, lenguaje aceptable en Argentina vs. España).

Continúa en página siguiente >>

<< Viene de página anterior

Proceso de moderación de contenido

El uso de IA en la detección de contenido también implica una gestión cuidadosa de la privacidad de los datos. Los modelos deben diseñarse para procesar información sin exponer datos personales sensibles y las plataformas deben garantizar que el uso de dichos sistemas no perjudique la confidencialidad de los usuarios ni se convierta en una herramienta para la vigilancia indiscriminada.

En concreto, ChatGPT protege los datos de la siguiente manera:

- **No hay retención de conversaciones personalizadas:** las interacciones con ChatGPT **no se almacenan de forma permanente ni se vinculan a identidades personales,** a menos que el usuario lo permita explícitamente (por ejemplo, activando el historial de chat).
  No se accede a información sensible o privada almacenada en otros sistemas.
- **No se usan datos para entrenamiento personalizado:** OpenAI no utiliza las conversaciones para entrenar modelos futuros **a menos que el usuario lo habilite.** Puedes consultar y cambiar esta opción en tu configuración de privacidad.

- **Cifrado de comunicaciones:** las conversaciones entre el usuario y la IA están protegidas mediante **cifrado HTTPS,** lo que impide que terceros puedan interceptarlas.
- **Control de acceso y seguridad interna:** solo personal autorizado puede acceder a los sistemas, bajo protocolos estrictos de control y monitoreo.
- **Cumplimiento de normativas:** se siguen marcos legales internacionales como el **RGPD (Reglamento General de Protección de Datos)** de la UE, **CCPA** en California y principios de privacidad de IA responsable.

  En España, la **ley de IA** está en marcha con la adaptación del Reglamento de IA de la UE. Este reglamento establece una serie de obligaciones y restricciones para las empresas que desarrollen o utilicen IA, especialmente en sectores de alto riesgo.

  Se recoge el **Real Decreto 817/2023, de 8 de noviembre,** que establece un entorno controlado de pruebas para el ensayo del cumplimiento de la propuesta de Reglamento del Parlamento Europeo y del Consejo por el que se establecen normas armonizadas en materia de inteligencia artificial.

  El Reglamento de IA establece la **categorización del riesgo, las prácticas prohibidas y las sanciones por incumplimiento.**

  La Agencia Española de Supervisión de Inteligencia Artificial es responsable de garantizar el cumplimiento de la ley. Las Administraciones públicas deberán garantizar la transparencia y la rendición de cuentas en el uso de IA en la toma de decisiones.

  Las empresas deberán cumplir con los requisitos de la ley de IA en el desarrollo e implementación de sus sistemas de IA, adaptándose a las nuevas obligaciones.

  Se establece la obligación de etiquetar claramente los contenidos generados por IA, como imágenes, audios y videos.

  Las empresas que no cumplan con la ley de IA pueden enfrentar multas de hasta 35 millones de euros o hasta el 7 % de su facturación mundial, según la gravedad de la infracción.
- **Diseño ético y uso responsable:** se desalienta activamente el ingreso de información personal sensible (nombres, contraseñas, identificadores) y se advierte al usuario que **no debe compartir datos privados** en sus preguntas.

La transparencia en los sistemas automatizados de detección de contenido es esencial para generar confianza: **los usuarios y moderadores deben entender cómo y por qué se considera inapropiado un contenido.** Además, estas tecnologías deben adaptarse constantemente a los cambios sociales, culturales y tecnológicos, manteniéndose flexibles ante nuevas formas de comunicación.

Junto a los aspectos técnicos, también deben tenerse en cuenta las **implicaciones éticas.** Una censura mal gestionada puede limitar la libertad de expresión y silenciar voces minoritarias o divergentes. Por ello, las organizaciones deben aplicar políticas claras, justas y equitativas en la moderación del contenido.

El debate sobre el papel de las grandes plataformas digitales es central: ¿hasta qué punto deben decidir qué contenido es visible? Estas decisiones no son solo técnicas, sino profundamente éticas, y deben abordarse de forma colaborativa.

La moderación efectiva requiere combinar herramientas de IA con supervisión humana basada en principios éticos, en un entorno de transparencia y adaptación constante. Solo así se podrá asegurar un uso justo y responsable de estas tecnologías.

3.4. Medidas de prevención y control

En un mundo cada vez más impulsado por la inteligencia artificial, es imperativo que abordemos con seriedad las medidas de prevención y control asociadas a su aplicación. A la par de la detección de contenido inapropiado, es esencial que implementemos estrategias robustas para mitigar los riesgos que la inteligencia artificial y, en particular, herramientas como ChatGPT, representan en el entorno digital.

Podemos agrupar las medidas de control y prevención por las siguientes temáticas:

➲ **Seguridad y protección de datos:**

　　◉ **Implementación de filtros avanzados.** Utilizar herramientas de filtrado avanzado que permitan identificar y bloquear contenido inapropiado es crucial. La implementación de filtros que no solo operen en función de palabras clave, sino que también comprendan el contexto semántico es necesario para garantizar que la información inapropiada no pase inadvertida. Estos sistemas deben estar en constante actualización, adaptándose al cambio constante de lenguaje y al surgimiento de nuevas maneras de expresión.

◉ **Certificaciones y estándares de seguridad.** Desarrollar y adherirse a certificaciones y estándares internacionales de seguridad en AI puede ofrecer una capa adicional de prevención. Las organizaciones deben comprometerse a cumplir con regulaciones rigurosas y demostrar su alineación con las mejores prácticas a través de procesos de certificación, lo cual genera confianza en los usuarios y en otras partes interesadas.

◉ **Uso de técnicas de anonimización.** La anonimización de datos es otra medida clave de prevención. En la recolección y procesamiento de datos debe respetarse la privacidad de los usuarios, asegurando que los datos personales no sean rastreables de vuelta a un usuario específico. Técnicas como la agregación de datos y la introducción de ruido en los datasets pueden ser útiles para proteger la identidad de los individuos.

◉ **Trazabilidad de los datos.** Es importante contar con un sólido sistema de trazabilidad de datos para seguir el recorrido de la información que se maneja mediante las herramientas de AI. Esta trazabilidad debe permitir que, en caso de una brecha o error, se identifiquen de manera rápida y efectiva las fuentes y las vías a través de las cuales la información se ha difundido, permitiendo corregir y prevenir fallos futuros.

➲ **Gobernanza ética:**

◉ **Comprensión del contexto de uso.** Uno de los primeros pasos en la prevención de riesgos asociados con herramientas como ChatGPT es entender de manera profunda el contexto de uso. Esto implica considerar quiénes son los usuarios finales, cuáles son sus necesidades y qué tipo de información se está manejando. Por ejemplo, el uso en entornos educativos requerirá un tipo distinto de supervisión comparado con su uso en plataformas de servicio al cliente.

◉ **Desarrollo de modelos éticos de AI.** La ética juega un papel crucial en el desarrollo y uso de la inteligencia artificial. Las organizaciones deben comprometerse a desarrollar modelos de AI que honren los principios éticos fundamentales, como la transparencia, la justicia y la responsabilidad. Esto implica ser consciente de los sesgos que pueda tener un modelo y trabajar para reducirlos en el tiempo.

↻ **Establecimiento de límites regulatorios.** Trabajar en colaboración con entidades reguladoras para desarrollar marcos que definan y limiten el uso de AI puede prevenir el abuso y mal uso de estas tecnologías. Estos límites deben ser claros, bien definidos y adaptarse a la evolución de la tecnología y las necesidades sociales.

➲ **Formación y cultura organizacional:**

↻ **Capacitación de personal.** Proveer capacitación continua al personal que trabaja con AI es esencial. Los operadores necesitan comprender cómo interactuar de manera segura y eficiente con herramientas como ChatGPT, así como estar al tanto de las últimas amenazas potenciales. Esto incluye la formación en ética, privacidad y la identificación de riesgos que surgen del uso indebido de AI.
↻ **Fomento de una cultura de responsabilidad compartida.** Es vital fomentar una cultura que reconozca la responsabilidad compartida por la seguridad del uso de AI. Desde los desarrolladores de tecnología, los proveedores de servicios, los usuarios finales, hasta los reguladores; todos deben asumir un rol en la creación de un entorno digital seguro y ético.

➲ **Mejora continua y colaboración:**

↻ **Evaluación y retroalimentación periódica.** Es fundamental establecer mecanismos de evaluación continua y sistemas de retroalimentación. Realizar auditorías periódicas sobre el contenido generado por AI y su impacto puede ayudar a identificar áreas de mejora. Esta práctica debe incluir tanto a expertos en contenido digital, como a usuarios finales, cuyo *feedback* es indispensable para detectar fallos y mejorar la seguridad del sistema.
↻ **Colaboración multidisciplinaria.** Promover la colaboración entre diferentes disciplinas puede aportar perspectivas críticas que no surgen dentro de un entorno homogéneo. Por ejemplo, la intervención de expertos en ética, en derechos humanos y en tecnología puede generar enfoques innovadores y efectivos para la prevención de problemas relacionados con AI.

Estas medidas, integradas y ejecutadas con cuidado y deliberación, tienen el potencial de no solo mitigar los riesgos relacionados con el uso de inteligencia artificial, sino también de fomentar su desarrollo y aplicación de manera segura, ética y beneficiosa para todos los sectores de la sociedad. A medida que seguimos avanzando en la era de la revolución artificial, la prevención y el control permanecerán como pilares indispensables en el uso responsable de herramientas como ChatGPT.

 **PARA SABER MÁS**

1. Recomendación sobre la ética de la inteligencia artificial de la UNESCO
Este documento establece principios fundamentales para el desarrollo y uso ético de la IA, incluyendo la proporcionalidad, seguridad, privacidad y gobernanza adaptativa.

https://redirectoronline.com/comm00320304

2. Código de conducta de la IA – DiliTrust
DiliTrust presenta su código de conducta para garantizar una IA ética, segura y conforme con la transparencia y la protección de datos.

https://redirectoronline.com/comm00320305

3. Gobernanza de la IA: Marcos, herramientas y buenas prácticas – DataCamp
Este artículo explora los marcos, políticas y procesos que guían el desarrollo, despliegue y uso responsables y éticos de las tecnologías de inteligencia artificial

https://redirectoronline.com/comm00320306

APLICACIÓN PRÁCTICA

Uno de los principales intereses en el uso de la tecnología y concretamente en los modelos de inteligencia artificial es la seguridad de nuestros datos. ¿Qué medida contribuye directamente a la protección de la privacidad en sistemas de inteligencia artificial?

Solución

El uso de técnicas de anonimización de datos, eliminando o codificando información personal identificable. Anonimizar los datos significa transformar los datos personales para que no se pueda identificar a una persona concreta. Es una de las prácticas más importantes en la protección de la privacidad en sistemas de IA.

TAREA 3

Lucía trabaja en una organización que quiere implementar ChatGPT como asistente en su página web. Antes de ponerlo en funcionamiento, le encargan que haga un análisis ético sobre los posibles riesgos de contenido inapropiado o perjudicial. Reflexiona sobre cómo se manifiestan estos riesgos y las medidas que pueden tomarse para prevenirlos, para responder de forma justificada a las siguientes preguntas:

- ¿Qué tipo de contenidos generados por ChatGPT podrían considerarse falsos, ofensivos o inapropiados? Menciona algunos ejemplos.
- ¿Por qué es importante que los usuarios comprendan las limitaciones éticas del modelo y no lo consideren una fuente infalible?
- ¿Qué medidas prácticas se podrían tomar para prevenir la generación y difusión de contenido perjudicial a través de ChatGPT?

---

4. Resumen

En la era digital actual, donde la inteligencia artificial (IA) avanza a pasos agigantados, la integración de herramientas avanzadas como ChatGPT está transformando rápidamente la manera en que interactuamos con la información y el entorno digital. Los principios éticos en el desarrollo de inteligencias artificiales deben guiar a desarrolladores y usuarios por igual, asegurando que estas herramientas sean empleadas de manera responsable y beneficiosa.

Los principios éticos en el desarrollo de IA son:

Transparencia y explicabilidad

Justicia y equidad

Responsabilidad

Consentimiento informado y autonomía

Privacidad y seguridad

Beneficiencia y no maleficiencia

Sostenibilidad y conciencia ambiental

Inclusión y accesibilidad

Adaptabilidad y evolución contextual

Interacción humano-máquina ética

La ética en el uso de ChatGPT no se limita a las intenciones del desarrollador, sino que se extiende hasta la responsabilidad inherente del usuario. En este contexto, surge una responsabilidad compartida: quienes desarrollan estas tecnologías deben garantizar su correcta implementación, mientras que los usuarios deben ser conscientes y críticos respecto al contenido que producen y comparten.

Uno de los componentes clave de la responsabilidad del usuario es el entendimiento claro del propósito de la IA y sus limitaciones inherentes. ChatGPT, por ejemplo, es una herramienta diseñada para asistir en tareas que van desde la generación de texto hasta el mantenimiento de diálogos conversacionales. Sin embargo, no está diseñada para ofrecer consejos médicos, legales o financieros específicos o ser utilizada como una fuente de autoridad final. Los usuarios deben ser conscientes de estas restricciones para evitar malentendidos o decisiones mal informadas basadas en la información proporcionada por la IA.

Los elementos que tener en cuenta para la buena utilización de IA son:

Transparencia y control de la información	Uso ético y no malintencionado	Consecuencias y responsabilidad legal

La generación de contenido perjudicial e inapropiado puede manifestarse de numerosas maneras, incluidas la **desinformación, el discurso de odio y los sesgos dañinos,** impactando negativamente en los usuarios y comunidades a nivel global. Para un análisis exhaustivo, primero debemos desglosar cómo estas situaciones surgen, además de identificar las tecnologías subyacentes y los marcos éticos implicados.

Algunos elementos de contenido perjudicial son:

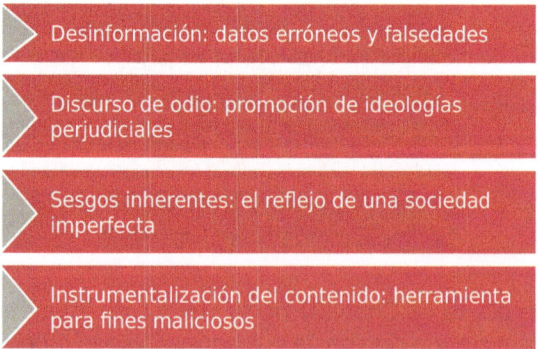

Desinformación: datos erróneos y falsedades

Discurso de odio: promoción de ideologías perjudiciales

Sesgos inherentes: el reflejo de una sociedad imperfecta

Instrumentalización del contenido: herramienta para fines maliciosos

Ejercicios de autoevaluación
Unidad de Aprendizaje 3

1. ¿Qué representa el *recall* en la detección de contenido inapropiado por una IA?

   a. La cantidad total de contenido generado por la IA.
   b. La proporción de contenido inapropiado correctamente detectado.
   c. La velocidad de respuesta del sistema de IA.
   d. La precisión con la que la IA responde preguntas.

2. ¿Cuál de las siguientes prácticas fomenta una cultura de responsabilidad compartida en el uso de la IA?

   a. Capacitar a todos los usuarios sobre uso ético y seguro de la IA.
   b. Delegar el desarrollo de la IA solo a programadores expertos.
   c. Aplicar filtros automáticos sin supervisión humana.
   d. Restringir el acceso a los modelos de IA.

3. ¿Qué consecuencia legal tuvo el caso de Clearview AI?

   a. Fue demandada por uso indebido de imágenes sin consentimiento.
   b. Fue premiada por su avance en reconocimiento facial.
   c. Recibió licencias globales para el uso de datos.
   d. Logró anonimizar los rostros de los usuarios automáticamente.

4. ¿Cuál de los siguientes es un caso positivo de interacción ética hombre-máquina?

   a. IA utilizada para redactar mensajes falsos en redes.
   b. IA aplicada a diagnósticos médicos con diversidad de datos.
   c. IA para análisis de perfiles sociales sin consentimiento.
   d. IA generando discursos polarizantes en campañas políticas.

5. ¿Qué grupo de medidas se relaciona con la mejora continua y la colaboración en IA?

    a. Evaluación periódica y colaboración multidisciplinaria.
    b. Uso de filtros avanzados y técnicas de anonimización.
    c. Certificaciones y límites regulatorios.
    d. Comprensión del contexto y capacitación del personal.

6. ¿Cuál es una responsabilidad clave del usuario al interactuar con herramientas como ChatGPT?

    a. Confiar plenamente en las respuestas de la IA, incluso en temas médicos o legales.
    b. Utilizar la IA para reemplazar decisiones humanas en todas las áreas.
    c. Comprender el propósito y las limitaciones de la herramienta.
    d. Asumir que la IA siempre ofrece información verificada y definitiva.

7. Indica si las siguientes frases son verdaderas o falsas.

    a. El uso de técnicas de anonimización en la IA ayuda a proteger la identidad de las personas al eliminar o transformar los datos personales.

        ■ Verdadero
        ■ Falso

    b. La ética en la inteligencia artificial solo debe ser aplicada por los desarrolladores y no por los usuarios finales.

        ■ Verdadero
        ■ Falso

    c. Un alto nivel de *recall* en un sistema de detección de contenido inapropiado significa que hay pocos falsos negativos.

        ■ Verdadero
        ■ Falso

8. Relaciona los siguientes elementos.

   a. Implementación de filtros avanzados
   b. Desarrollo de modelos éticos de IA
   c. Colaboración multidisciplinaria

   __ Gobernanza ética y regulación
   __ Seguridad y protección de datos
   __ Mejora continua y colaboración

9. ¿Cuál de los siguientes NO es un ejemplo de contenido perjudicial generado por IA según el texto?

   a. Desinformación, como la difusión de noticias falsas.
   b. Discursos que promueven la discriminación o violencia.
   c. Contenido educativo respaldado por evidencia científica.
   d. Reproducción de sesgos sociales en las respuestas generadas.

10. ¿Qué estrategia se menciona como parte de la mitigación del contenido perjudicial generado por IA?

   a. Eliminar toda la generación automática de contenido.
   b. Colaboración entre sector privado, academia, gobierno y sociedad civil.
   c. Permitir que la IA aprenda sin supervisión para evitar sesgos.
   d. Ignorar el problema porque es imposible de controlar.

Recursos adicionales y prácticas

Contenido

1. Introducción
2. Recursos de aprendizaje adicionales
3. Práctica y proyectos finales
4. Futuro de ChatGPT
5. Resumen

Objetivos

El objetivo general para esta Unidad de Aprendizaje es:

→ Aplicar recursos de aprendizaje adicionales que potencien el uso de ChatGPT en diferentes contextos.

Los objetivos específicos para esta Unidad de Aprendizaje son:

→ Evaluar de forma crítica las posibilidades y limitaciones actuales de ChatGPT, incluyendo aspectos éticos, técnicos y sociales.

→ Explorar las tendencias emergentes y el futuro del desarrollo de modelos de lenguaje como ChatGPT, fomentando una actitud proactiva y responsable ante su uso continuo.

→ Estructurar información compleja y mejorar la calidad del *output* generado por la IA.

→ Crear material educativo dinámico, mejorando la forma de presentar información y fomentar el aprendizaje interactivo.

→ Desarrollar la habilidad de aplicar ChatGPT en el servicio de atención al cliente, agilizando y mejorando la experiencia del usuario.

1. Introducción

En un mundo donde la inteligencia artificial revoluciona nuestra forma de interactuar y trabajar, comprender y utilizar herramientas como ChatGPT se vuelve cada vez más esencial. *Revolución artificial: Uso y aplicaciones de ChatGPT en el entorno digital* se adentra en cómo esta poderosa tecnología está transformando industrias, aumentando la productividad y creando nuevas oportunidades de innovación.

A través de recursos de aprendizaje adicionales, el lector podrá explorar una variedad de materiales que enriquecen su perspectiva y amplían su horizonte sobre la inteligencia artificial conversacional. Por ejemplo, suponga que está diseñando un chatbot para servicio al cliente. Aquí, el acceso a lecturas recomendadas y cursos en línea específicos le permitirá desarrollar un agente conversacional más efectivo, capaz de manejar consultas complejas y mejorar la experiencia del usuario.

Los proyectos prácticos propuestos y su correspondiente evaluación garantizarán que los participantes no solo se familiaricen con ChatGPT de manera superficial, sino que también adquieran autenticidad en su aplicación, preparándolos para contribuir de manera significativa al avance tecnológico en sus respectivos campos. El contenido de esta unidad es una llamada a abrazar el futuro del desarrollo de inteligencia artificial conversacional, promoviendo el uso de esta tecnología para enfrentar y superar desafíos contemporáneos en el ámbito digital.

Estamos en un punto de inflexión en la evolución de la inteligencia artificial, un área donde la rápida innovación plantea preguntas fascinantes sobre el futuro y cómo podría transformar no solo cómo interactuamos con las máquinas, sino también entre nosotros. Este vistazo al futuro empodera a los profesionales para no solo anticiparse a las tendencias emergentes, sino también para ser pioneros en su propia evolución profesional. Imaginemos, por ejemplo, cómo la mejora continua de ChatGPT puede respaldar el desarrollo de terapias digitales personalizadas, mejorando significativamente cómo tratamos el bienestar mental a escala global.

En esta unidad, seguiremos basándonos en el caso de Álex, que llega a una etapa decisiva: ha comprobado que la herramienta le permite automatizar tareas, ahorrar tiempo y mejorar la calidad de sus textos. Sin embargo, sabe que aún hay mucho más por descubrir.

2. Recursos de aprendizaje adicionales

☞ **HILO CONDUCTOR**

A medida que Álex se siente más cómodo usando ChatGPT para redactar correos, resumir informes o generar ideas, se da cuenta de que la herramienta tiene un potencial mucho mayor del que imaginaba al principio. Sabe que, para aprovecharlo al máximo, no basta con usarla de forma puntual: necesita conocer más a fondo sus capacidades y mantenerse al día con sus actualizaciones.

Álex se embarca en la exploración de recursos de aprendizaje adicionales.

A medida que nos adentramos más en la era de la revolución artificial, es crucial no solo comprender el papel que juegan las tecnologías avanzadas como ChatGPT en el entorno digital, sino también disponer de los recursos adecuados para expandir nuestros conocimientos y habilidades en sus aplicaciones prácticas.

Los recursos de aprendizaje adicionales se convierten en una herramienta esencial para complementar la formación, permitir un entendimiento más profundo y fomentar una adecuada integración de estas herramientas en diversos ámbitos.

Existen diferentes tipos de recursos de aprendizaje que pueden enriquecer nuestra comprensión de ChatGPT y otras herramientas complementarias de inteligencia artificial. Se analizan a continuación algunos de los más habituales:

➲ **Libros y publicaciones académicas.** Comenzar por la lectura de libros y publicaciones académicas especializadas es fundamental para adquirir un conocimiento teórico sólido. Existen diversos textos enfocados en inteligencia artificial y aprendizaje automático que cubren desde los aspectos más básicos hasta los avances más recientes en la tecnología de procesamiento de lenguaje natural (PLN). Libros como Artificial Intelligence: A Modern Approach de Stuart Russell y Peter Norvig son ampliamente recomendados para aquellos que desean tener una visión integral acerca de la IA. Por otra parte, artículos de revistas académicas indexadas, como Journal of Artificial Intelligence Research y Transactions on Neural Networks and Learning Systems de IEEE, ofrecen investigaciones detalladas y estudios de caso sobre el uso de modelos generativos similares a ChatGPT en distintas áreas.

- **Cursos en línea.** El acceso a cursos en línea ha democratizado el aprendizaje sobre inteligencia artificial. Plataformas como *Coursera, edX, Udacity* y *Khan Academy* ofrecen cursos de alta calidad impartidos por expertos de instituciones educativas de renombre. Estos cursos no solo proporcionan conocimiento teórico, sino que a menudo incluyen experiencias prácticas con herramientas de IA que permiten aplicar lo aprendido en contextos reales. Al mirar específicamente en ChatGPT, hay programas que no solo enseñan sobre el modelo en sí, sino que guían a los estudiantes en la creación de sus propias aplicaciones de chatbot utilizando las capacidades de ChatGPT.

- **Páginas web y blogs especializados.** En el ámbito digital actual, las páginas web y los blogs especializados en inteligencia artificial y tecnologías aplicadas son otra fuente invaluable de información actualizada. Sitios como Towards Data Science en Medium, AI Trends y el blog de OpenAI proporcionan artículos con análisis de las últimas tendencias, aplicaciones novedosas y aspectos técnicos del desarrollo de modelos como ChatGPT. Además, muchos de estos blogs están escritos por profesionales en el campo, lo que agrega valor mediante la compartición de experiencias reales y consejos prácticos.

- **Tutoriales y vídeos educativos.** Las plataformas de vídeo como *YouTube* y *Vimeo* ofrecen una vasta cantidad de contenido educativo audiovisual que es particularmente útil para aquellos que prefieren el aprendizaje visual. Los tutoriales sobre ChatGPT, que van desde configuraciones básicas hasta la integración en aplicaciones más complejas, están fácilmente disponibles y son producidos por una variedad de educadores, programadores y entusiastas de la IA. Canales como *Two Minute Papers* y *3Blue1Brown* publican regularmente vídeos que desglosan conceptos complejos de IA en formatos fáciles de entender, complementando así la oferta educativa tradicional.

- **Conferencias y seminarios web.** Participar en conferencias y seminarios web sobre inteligencia artificial es otra manera efectiva de adquirir conocimientos actualizados y estar en contacto con otros profesionales del campo. Eventos como el *Global Artificial Intelligence Conference* y el *OpenAI Summit* reúnen a expertos de diversas áreas para discutir los desarrollos más recientes, desafíos y oportunidades relacionadas con tecnologías como ChatGPT. Además, muchos de estos eventos ofrecen sesiones especializadas en las que los asistentes pueden aprender sobre aplicaciones específicas y avances técnicos directos de las personas que están a la vanguardia de la investigación.

- **Comunidades en línea y foros.** Las comunidades en línea y foros de discusión proporcionan un espacio vital para el intercambio de ideas y resolución de problemas prácticos. Plataformas *como Stack Overflow, Reddit,* y los foros de discusión de OpenAI permiten a los entusiastas de la IA compartir sus hallazgos, preguntar a otros expertos y colaborar en proyectos relacionados con ChatGPT. En estas comunidades, es posible encontrar desde soluciones a problemas técnicos hasta discusiones sobre las implicaciones éticas del uso de modelos generativos.

- ⮩ **Simulaciones y entornos de prueba.** Las simulaciones y los entornos de prueba ofrecen una manera interactiva de aplicar el vasto conocimiento adquirido a través de otros recursos. Las herramientas como *Playground* de OpenAI proporcionan un espacio seguro y controlado para experimentar con ChatGPT y otras tecnologías de procesamiento de lenguaje natural. Estas plataformas permiten realizar pruebas sin necesidad de conocimientos técnicos avanzados, lo que facilita a los usuarios comprender el comportamiento del modelo y explorar su potencial sin riesgo de error en implementaciones reales.

- ⮩ **Guías prácticas y documentación técnica.** La importancia de acceder a guías prácticas y documentación técnica no puede ser subestimada. Las guías elaboradas por OpenAI y otras organizaciones son cruciales para entender los pormenores de la implementación de ChatGPT, descubrir funcionalidades avanzadas y desarrollar aplicaciones más personalizadas. La documentación bien estructurada con ejemplos claros y precisos también ayuda a solucionar incidentes técnicos y mejorar la eficacia en el uso de estas herramientas.

- ⮩ **Proyectos colaborativos y *hackathons*.** Los proyectos colaborativos y *hackathons* son una excelente forma de poner en práctica los conocimientos teóricos adquiridos y fomentar la creatividad en el desarrollo de soluciones innovadoras. Participar en estas actividades permite a los interesados en IA colaborar con personas de diversas disciplinas, experimentar con nuevas ideas y recibir retroalimentación constructiva en un contexto competitivo y creativo. Muchas universidades y organizaciones tecnológicas organizan *hackathons* focalizados en la inteligencia artificial, proporcionando una experiencia invaluable de aprendizaje inmersivo.

- ⮩ **Desarrollo profesional continuo.** Finalmente, el desarrollo profesional debe ser una prioridad constante en cualquier disciplina tecnológica. El campo de la inteligencia artificial, incluyendo herramientas como ChatGPT, está en constante cambio y evolución. Participar en programas de desarrollo profesional, obtener certificaciones y asistir a capacitaciones regulares son estrategias efectivas para mantenerse actualizado con las últimas tendencias y tecnologías. Esto no solo mejorará las habilidades técnicas, sino que también abrirá nuevas oportunidades laborales en un mercado en rápida expansión.

IMPORTANTE

Los recursos de aprendizaje adicionales son vitales para profundizar en el conocimiento y la aplicación efectiva de ChatGPT y otras tecnologías de inteligencia artificial en el entorno digital actual.

Al aprovechar una variedad de formatos y enfoques, es posible obtener un conocimiento más completo, adaptarse rápidamente a los cambios tecnológicos y liderar el camino en este fascinante campo de la IA.

- -

2.1. Lecturas recomendadas

La evolución constante de la inteligencia artificial (IA) y su impactante transformación en el paisaje digital han generado un vasto cuerpo de literatura que abarca desde investigaciones académicas hasta trabajos de divulgación.

Se presenta una selección de lecturas recomendadas que abordan diversos aspectos de la IA, su historia, su desarrollo técnico, su implementación práctica y las implicaciones éticas y sociales que conlleva su uso. Se clasifican en tres categorías que se desarrollan a continuación.

Categoría 1

Enfocados en los principios teóricos, técnicos y algoritmos que sustentan la inteligencia artificial. Son ideales para quienes desean una base sólida o profundizar en el desarrollo y funcionamiento de los sistemas inteligentes.

Entre los títulos más importantes se encuentran:

- ➲ *Artificial Intelligence: A Guide to Intelligent Systems (Inteligencia artificial: Una guía para sistemas inteligentes)* **de Michael Negnevitsky:** este texto técnico proporciona una introducción sólida a los principios fundamentales de la inteligencia artificial, cubriendo desde algoritmos básicos hasta aplicaciones avanzadas. Michael Negnevitsky proporciona ejemplos prácticos y ejercicios que permiten a los lectores aplicar las teorías y técnicas discutidas. Esta guía es especialmente útil para estudiantes y profesionales que buscan una base técnica sobre los sistemas inteligentes.

- ⮑ *Deep Learning (Aprendizaje profundo)* **de Ian Goodfellow, Yoshua Bengio y Aaron Courville:** como manual de referencia en el campo del aprendizaje profundo, este libro ofrece un análisis exhaustivo de las técnicas y arquitecturas utilizadas en los modelos de IA actuales. Es relevante para cualquier persona interesada en los algoritmos que alimentan aplicaciones contemporáneas, desde el reconocimiento de imágenes hasta el procesamiento del lenguaje natural. Aunque es un texto técnico, su claridad y profundidad lo convierten en un recurso invaluable tanto para estudiantes como para profesionales ya experimentados.
- ⮑ *Introduction to the Theory of Computation (Introducción a la teoría de la computación)* **de Michael Sipser:** para aquellos interesados en comprender los fundamentos teóricos que subyacen a la inteligencia artificial y la informática, el libro de Michael Sipser es una introducción imprescindible. Aunque es un texto técnico avanzado, proporciona las bases para entender conceptos clave como los autómatas, gramáticas formales y la complejidad computacional, cruciales para cualquier aspirante a investigador o estudiante de IA.
- ⮑ *Artificial Intelligence: Foundations of Computational Agents (Inteligencia artificial: Fundamentos de agentes computacionales)* **de David L. Poole y Alan K. Mackworth:** esta obra proporciona una comprensión profunda sobre la teoría y la ingeniería detrás de los agentes computacionales autónomos, un componente fundamental de los sistemas de IA. Los autores cubren tanto aspectos teóricos como prácticos, lo que hace que el libro sea una valiosa guía para estudiantes universitarios y profesionales interesados en el desarrollo de agentes inteligentes.

Categoría 2

Exploran cómo la inteligencia artificial afecta a diferentes sectores (sanidad, economía, geopolítica) y cómo puede influir en nuestro futuro como sociedad. Incluyen escenarios de cambio, innovación y análisis estratégico.

Entre los libros más importantes que hablan sobre este tema, se pueden encontrar los siguientes:

- ⮑ *Superintelligence: Paths, Dangers, Strategies (Superinteligencia: Caminos, peligros, estrategias)* **de Nick Bostrom:** este libro es esencial para cualquier persona que desee comprender los retos y los riesgos asociados con la creación de una inteligencia artificial más avanzada que los seres humanos. Nick Bostrom, filósofo de la Universidad de Oxford, explora las posibles trayectorias que podría tomar el desarrollo de la IA, al tiempo que analiza las opciones estratégicas y las medidas necesarias para controlar de manera segura tal tecnología. Bostrom presenta escenarios tanto utópicos como distópicos, ofreciendo un análisis riguroso que debe ser considerado por investigadores, desarrolladores y legisladores por igual.

➲ ***The Master Algorithm: How the Quest for the Ultimate Learning Machine Will Remake Our World** (El algoritmo maestro: Cómo la búsqueda de la máquina de aprendizaje definitiva transformará nuestro mundo)* **de Pedro Domingos:** Pedro Domingos ofrece una introducción accesible a las tecnologías que configuran la IA moderna, enfocándose en los cinco paradigmas principales del aprendizaje automático: simbólico, de conexión, evolucionista, bayesiano y basado en analogías. Domingos discute cómo estas tecnologías podrían eventualmente integrarse en un "algoritmo maestro" que revolucione nuestra forma de vivir y trabajar. Este libro es ideal para aquellos interesados en entender las bases del aprendizaje automático y sus posibles implicaciones futuras.

➲ ***Life 3.0: Being Human in the Age of Artificial Intelligence** (Vida 3.0: Ser humano en la era de la inteligencia artificial)* **de Max Tegmark:** Max Tegmark, físico y cosmólogo, explora las oportunidades y desafíos que la inteligencia artificial avanzada presentará para la humanidad. Discute no solo los desarrollos técnicos actuales y los posibles avances futuros, sino también las preguntas fundamentales sobre el significado de ser humano. Este libro invita a los lectores a reflexionar sobre cómo podemos guiar la evolución tecnológica para lograr un mundo en el que la IA complemente y no amenace nuestros valores y aspiraciones.

➲ ***AI Superpowers: China, Silicon Valley, and the New World Order** (Superpotencias de la IA: China, Silicon Valley y el nuevo orden mundial)* **de Kai-Fu Lee:** Kai-Fu Lee, un destacado experto en IA, proporciona una visión del desarrollo de la inteligencia artificial a través del prisma de la competencia global, especialmente entre China y Estados Unidos. A través del análisis económico y social, Lee argumenta que, en la carrera por el dominio de la IA, las consecuencias para la economía global, las estructuras de poder y el empleo son profundas y de largo alcance.

➲ ***The Sentient Machine: The Coming Age of Artificial Intelligence** (La máquina sensible: La próxima era de la inteligencia artificial)* **de Amir Husain:** Amir Husain aborda el futuro cercano donde las máquinas conscientes transformarán varios aspectos de la sociedad humana. Discute cómo la inteligencia artificial y la robótica no solo cambiarán nuestras vidas laborales, sino también cómo redefinirán nuestras interacciones diarias. Este libro es un recurso para comprender las promesas y los peligros que surgen al dotar a las máquinas de una forma de conciencia.

➲ ***Deep Medicine: How Artificial Intelligence Can Make Healthcare Human Again** (Medicina profunda: Cómo la inteligencia artificial puede humanizar de nuevo la atención sanitaria)* **de Eric Topol:** Eric Topol, un reconocido cardiólogo e investigador, discute las potenciales revoluciones que la inteligencia artificial puede traer al campo de la medicina.

Desde el diagnóstico y la atención personalizada hasta la reducción de la carga administrativa, Topol muestra cómo la IA puede devolver el toque humano a la atención médica, si se utiliza con prudencia y ética.

➲ **The Fourth Industrial Revolution (La cuarta revolución industrial) de Klaus Schwab:** Klaus Schwab, fundador del Foro Económico Mundial, discute cómo las tecnologías emergentes, incluida la inteligencia artificial, están dando forma a la cuarta revolución industrial. Este libro analiza cómo la convergencia de tecnologías digitales, físicas y biológicas está transformando las industrias, las sociedades y las economías globales, ofreciendo perspectivas sobre la adaptación estratégica necesaria para enfrentarse a estos cambios radicales.

Categoría 3

Obras que analizan el impacto de la IA en la sociedad, los riesgos asociados, la ética del diseño de algoritmos y la importancia de una implementación justa y responsable. Muy recomendadas para despertar una conciencia crítica en los usuarios. En esta última categoría se pueden encontrar títulos como:

➲ **Weapons of Math Destruction: How Big Data Increases Inequality and Threatens Democracy (Armas de destrucción matemática: Cómo el big data aumenta la desigualdad y amenaza la democracia) de Cathy O'Neil:** en un mundo cada vez más dominado por el big data, Cathy O'Neil examina cómo los algoritmos y modelos predictivos pueden, intencionalmente o no, perpetuar la injusticia social y la desigualdad económica. Este libro es una lectura obligatoria para comprender las potenciales consecuencias sociales negativas de la automatización y la importancia de implementar y supervisar la IA de manera ética y equitativa.

➲ **Artificial Intelligence: A Very Short Introduction (Inteligencia artificial: Una breve introducción) de Margaret A. Boden:** dirigido a lectores que buscan una visión general rápida pero informativa de la inteligencia artificial, este libro de la serie de introducciones breves de Oxford proporciona una síntesis clara de la historia de la IA, sus enfoques principales y sus aplicaciones prácticas. Margaret A. Boden, experta en el campo de la IA, examina las implicaciones más amplias del uso de sistemas inteligentes, tanto en nuestras vidas cotidianas como en las estructuras sociales más amplias.

➲ **Algorithms to Live By: The Computer Science of Human Decisions (Algoritmos para vivir: La ciencia computacional de las decisiones humanas) de Brian Christian y Tom Griffiths:** este libro explora cómo los algoritmos que impulsan nuestras computadoras pueden ofrecer soluciones a muchos de los dilemas a los que nos enfrentamos en la vida diaria. Desde cómo estacionar un coche hasta cómo encontrar una pareja, los autores presentan un enfoque único para aplicar el pensamiento computacional a los problemas humanos. Es una excelente lectura para aquellos interesados en cómo los principios de la informática pueden guiar y mejorar la toma de decisiones humanas.

⮑ *Made by Humans: The AI Condition (Hecho por humanos: La condición de la IA)* **de Ellen Broad:** Ellen Broad analiza las consideraciones éticas y humanas involucradas en la creación de algoritmos de inteligencia artificial. Dirigiéndose a un público tanto técnico como no técnico, este libro explora cómo los prejuicios humanos y las decisiones de diseño ético se encarnan en las máquinas que interactúan con el mundo. Es un recurso valioso para fomentar la conciencia crítica respecto a la IA y la responsabilidad social de su desarrollo e implementación.

NOTA

Cada una de estas lecturas ofrece perspectivas únicas y valiosas sobre la inteligencia artificial y su impacto en nuestro mundo. Al explorar estos recursos, los lectores pueden obtener una apreciación más profunda de la complejidad, la potencialidad y las responsabilidades asociadas con el desarrollo y la implementación de la IA, especialmente a medida que la revolución artificial continúa redefiniendo las fronteras del entorno digital.

2.2. Cursos en línea y tutoriales

A medida que se profundiza en el uso de ChatGPT, se observa que una parte fundamental para mantenerse actualizado es formarse de manera continua. Internet ofrece una gran variedad de recursos educativos accesibles, que permiten aprender desde lo más básico hasta técnicas avanzadas de inteligencia artificial aplicada.

Los diferentes cursos en línea, talleres virtuales y tutoriales paso a paso ayudan a:

Resolver dudas específicas de uso	Descubrir nuevas formas de aplicar ChatGPT en su entorno profesional	Aprender estrategias más eficaces para formular peticiones o automatizar tareas

La formación autodidacta se convierte en una aliada clave para seguir creciendo y nos encontramos recursos como:

- **Introducción a los cursos en línea.** En el ámbito contemporáneo de la educación digital, los cursos en línea se han establecido como una herramienta invaluable para el aprendizaje a lo largo de la vida. Desde la proliferación de MOOC (cursos en línea masivos y abiertos) hasta plataformas específicas como *Coursera, edX, Udemy* y *Khan Academy*, la enseñanza en línea ha transformado el acceso al conocimiento. Estos cursos, accesibles desde cualquier lugar y a menudo a un costo reducido o incluso de manera gratuita, ofrecen a los estudiantes la oportunidad de aprender nuevas habilidades, mejorar su carrera o profundizar en temas de interés personal de una manera flexible y autodirigida.

  Los cursos en línea se caracterizan generalmente por su estructura modular, lo que permite que los usuarios seleccionen qué clases o temas desean estudiar a su propio ritmo. A menudo, estos cursos incluyen una combinación de vídeos, lecturas, evaluaciones en línea y actividades interactivas. Esto les permite cubrir una amplia gama de disciplinas, desde las ciencias y la tecnología hasta las humanidades y el arte.

- **Revolución de los cursos *online* con ChatGPT.** La aparición de modelos de lenguaje generativo, como ChatGPT, ha añadido un nuevo nivel de interacción y personalización al panorama de los cursos en línea. A través de ChatGPT, se pueden crear experiencias de aprendizaje más interactivas, donde los estudiantes pueden recibir respuestas instantáneas a sus consultas, participar en conversaciones inmersivas relacionadas con el contenido del curso y recibir explicaciones adaptadas a su nivel de comprensión. Además, ChatGPT puede integrarse en plataformas de educación en línea para ofrecer contenido adicional y aclaraciones contextualizadas, permitiendo a los estudiantes explorar más allá del material ofrecido. Por ejemplo, si un estudiante está realizando un curso sobre lógica de programación, puede utilizar ChatGPT para obtener ejemplos adicionales, explicación de conceptos o sugerencias de práctica.

- **Desarrollo de tutoriales personalizados.** Paralelamente al auge de los cursos en línea, los tutoriales han ganado popularidad como una forma más concisa y enfocada de instrucción digital. Plataformas como *YouTube* y *GitHub* han facilitado la creación y el acceso a tutoriales en una amplia variedad de temas, desde la reparación de electrodomésticos hasta el desarrollo de *software.*

  Con la integración de ChatGPT, los tutoriales pueden transformarse en experiencias altamente personalizadas. Los usuarios pueden interactuar con el modelo para recibir instrucciones específicas según sus necesidades y nivel de habilidad. Por ejemplo, en un tutorial sobre edición de vídeo, un usuario podría solicitar asistencia sobre una herramienta de edición específica y recibir instrucciones detalladas adaptadas a su experiencia, algo que un tutorial convencional no podría ofrecer.

Ventajas del uso de ChatGPT en entornos de aprendizaje digitales

La incorporación de ChatGPT en entornos de aprendizaje digitales representa una oportunidad transformadora para estudiantes, docentes y profesionales. Esta herramienta permite personalizar la experiencia educativa, ofreciendo explicaciones a medida, asistencia en la resolución de problemas y retroalimentación inmediata. Además, fomenta el aprendizaje autónomo, estimula el pensamiento crítico y facilita el acceso a una gran variedad de recursos y contenidos en tiempo real. Su versatilidad lo convierte en un apoyo valioso tanto en la educación formal como en procesos de autoformación continua.

Entre las ventajas del uso de ChatGPT se pueden destacar las siguientes:

Interacción personal y apoyo adaptativo
- ChatGPT proporciona interacción en tiempo real que se adapta a las necesidades individuales del estudiante. Esto no solo mejora la comprensión del material, sino que también aumenta la retención del contenido.

Acceso a un conocimiento extenso y actualizado
- Gracias a su entrenamiento en una amplia variedad de temas, ChatGPT puede ofrecer explicaciones detalladas y ejemplos en múltiples disciplinas, enriqueciendo el material de cursos y tutoriales.

Facilidad de integración y escalabilidad
- Los educadores y desarrolladores pueden integrar ChatGPT en plataformas sin problemas, mejorando así la experiencia de aprendizaje sin sobrecargar sus recursos educativos.

Fomento de un aprendizaje activo y autodirigido
- Al poder explorar temas adicionales y recibir orientación personalizada, los estudiantes se convierten en participantes activos de su proceso educativo, lo que fomenta un aprendizaje más profundo.

Implementación de ChatGPT en plataformas educativas

Para maximizar los beneficios de ChatGPT en el ámbito educativo, las plataformas deben considerar la integración del modelo como un asistente complementario en lugar de una sustitución del contenido existente. Por ejemplo, se puede implementar un asistente virtual impulsado por ChatGPT que guíe a los estudiantes a través de los módulos del curso, responda preguntas comunes y sugiera recursos adicionales cuando se enfrenten a conceptos difíciles. Existen dos enfoques principales para integrar ChatGPT en cursos en línea y tutoriales:

Asistente de aprendizaje guiado	Soporte interactivo bajo demanda
- Se puede implementar un asistente que acompañe a los estudiantes a lo largo del curso, proporcionando orientación y aclaraciones contextuales. Este asistente también puede presentar preguntas o miniexámenes para evaluar la comprensión del material y ajustar el ritmo de enseñanza según el desempeño del estudiante.	- Alternativamente, ChatGPT puede ofrecerse como un recurso opcional al que los estudiantes pueden acceder cuando necesiten ayuda. Ya sea durante la realización de tareas o mientras exploran un tema del curso, los estudiantes pueden recurrir a ChatGPT para obtener información adicional, ejemplos específicos o para que los guíe en la resolución de problemas.

Desafíos y consideraciones éticas

Si bien la integración de ChatGPT en la educación ofrece muchas ventajas, también presenta desafíos y consideraciones éticas. Se pueden nombrar principalmente dos aspectos que tener en cuenta:

Precisión del contenido	- La precisión y neutralidad del contenido generado por ChatGPT depende de su entrenamiento y del control de calidad aplicado por los desarrolladores. Las plataformas deben asegurarse de que el contenido proporcionado sea preciso y esté libre de sesgos.
Privacidad del usuario	- Se debe considerar la privacidad de los usuarios y la protección de los datos. Al interactuar con ChatGPT, los estudiantes pueden compartir información personal o detalles específicos sobre su progreso en los cursos. Es fundamental que las plataformas implementen las medidas de seguridad necesarias para proteger estos datos.

La integración de inteligencia artificial en la educación digital está comenzando a transformar el paisaje del aprendizaje virtual. Con ChatGPT, los cursos en línea y los tutoriales no solo se vuelven más accesibles, sino también más dinámicos y personalizados. A medida que la tecnología siga avanzando, es probable que veamos desarrollos aún más innovadores en la manera en que el aprendizaje digital se entrega y se experimenta.

Este enfoque no solo democratiza el acceso al conocimiento, sino que también prepara a los estudiantes para un entorno laboral que cada vez valora más la adaptabilidad, el pensamiento crítico y las habilidades técnicas avanzadas. La superposición entre la inteligencia artificial y la educación promete revolucionar el futuro del aprendizaje, y aquellos que lideren el cambio en la implementación de estas tecnologías serán los pioneros en impulsar una experiencia educativa transformadora.

 SABÍAS QUE...

ChatGPT también "aprende" de tus preguntas.

Aunque ChatGPT no aprende ni recuerda conversaciones individuales (a menos que el usuario lo permita explícitamente), los modelos como este han sido entrenados con millones de ejemplos de texto procedentes de cursos, libros, artículos y tutoriales en línea.

Eso significa que, al hacer preguntas bien formuladas o experimentar con distintos enfoques, estás utilizando indirectamente el conocimiento acumulado de miles de cursos y experiencias educativas reales.

Y lo curioso es que muchos usuarios descubren nuevas formas de aprender simplemente probando cosas con ChatGPT, como si fuese un laboratorio de aprendizaje personalizado.

En cierto modo, es como tener un tutor universal que se adapta a tus intereses y ritmo.

3. Práctica y proyectos finales

☞ HILO CONDUCTOR

Álex pone en marcha todo lo aprendido. Después de explorar recursos, descubrir nuevas posibilidades y comprender el alcance de la inteligencia artificial, Álex siente que ha llegado el momento de aplicar realmente lo aprendido. Ya no se trata solo de entender cómo funciona ChatGPT, sino de utilizarlo con propósito: mejorar procesos, resolver problemas concretos y aportar valor real a su entorno laboral.

A través de estos proyectos finales, Álex da el salto de la teoría a la acción, convirtiéndose en un usuario avanzado que no solo sabe usar la herramienta, sino que sabe para qué y cómo aplicarla con sentido estratégico.

En la era digital, con el auge de tecnologías innovadoras como ChatGPT, la práctica se ha convertido en una herramienta indispensable para adquirir y consolidar conocimientos.

Se explora ahora cómo conseguir un enfoque más aplicado y práctico del uso de ChatGPT, donde los lectores podrán llevar sus conocimientos teóricos a la acción.

Para ello, se ha preparado una serie de propuestas de aplicación.

3.1. Práctica activa con ChatGPT

La mejor manera de aprender y mejorar en el uso de ChatGPT es a través de la práctica activa. Aquí presentamos una serie de ejercicios que permitirán a los usuarios integrar ChatGPT en sus diversas actividades diarias para maximizar su eficacia y versatilidad.

A continuación, planteamos una serie de aplicaciones prácticas.

Aplicación práctica 1. Estructura de una información compleja y mejora de la calidad del *output* generado por la IA

Ahora vamos a escoger tres temas de interés personal o profesional y mediante el uso de ChatGPT se va a crear un artículo de al menos 1.000 palabras cada uno, involucrando una introducción, un desarrollo y una conclusión.

Empleando información precisa y organizada, ChatGPT crea el siguiente artículo:

La inteligencia artificial en la educación personalizada

Introducción

La educación ha experimentado en las últimas décadas una transformación profunda impulsada por los avances tecnológicos, pero es con la irrupción de la inteligencia artificial (IA) cuando el cambio se vuelve verdaderamente estructural. La IA ha dejado de ser una tecnología futurista para convertirse en una herramienta presente en muchos ámbitos de nuestra vida cotidiana, incluyendo la enseñanza y el aprendizaje. Uno de los aspectos más prometedores de esta revolución es la posibilidad de una educación personalizada: un modelo donde cada estudiante recibe contenidos, ritmo y apoyos adaptados a sus necesidades individuales, intereses y capacidades. En este contexto, la IA no solo ofrece eficiencia, sino también la posibilidad real de transformar la forma en la que se concibe la enseñanza.

Educación personalizada: definición y necesidad

La educación tradicional ha estado históricamente marcada por un enfoque estandarizado: mismos contenidos, mismo ritmo, mismas evaluaciones para todos los estudiantes. Sin embargo, es evidente que cada alumno aprende de manera diferente. Algunos necesitan más tiempo para asimilar ciertos contenidos, otros tienen talentos específicos que no se desarrollan en un currículo homogéneo y muchos requieren apoyos específicos debido a dificultades de aprendizaje o contextos socioemocionales diversos. La educación personalizada busca dar respuesta a esta heterogeneidad, permitiendo que cada estudiante pueda avanzar según sus propias características.

La necesidad de personalización se vuelve aún más acuciante en un mundo globalizado donde las competencias clave para el siglo xxi —como el pensamiento crítico, la resolución de problemas o la capacidad de aprendizaje autónomo— requieren metodologías más flexibles, adaptativas y centradas en el alumno. Aquí es donde la IA juega un papel determinante.

[213]

La IA como motor de personalización

La inteligencia artificial puede analizar grandes cantidades de datos en tiempo real y aprender de ellos para tomar decisiones. Esta capacidad se traduce en el ámbito educativo en la posibilidad de realizar diagnósticos precisos, prever dificultades de aprendizaje, adaptar contenidos de forma dinámica y ofrecer retroalimentación inmediata.

Uno de los ejemplos más conocidos de IA aplicada a la educación es el uso de sistemas adaptativos de aprendizaje. Plataformas *como Knewton, Squirrel AI* o *Smart Sparrow* recogen información sobre el desempeño del estudiante (respuestas correctas, tiempo de resolución, patrones de error, etc.) y ajustan automáticamente el nivel de dificultad, el tipo de contenido o la forma de presentación. Así, un alumno que avanza rápidamente puede acceder a contenidos más complejos, mientras que otro que necesita refuerzo recibe explicaciones adicionales o ejercicios de repaso.

Además, la IA permite generar rutas de aprendizaje personalizadas que combinan recursos multimedia, juegos educativos, ejercicios prácticos y simulaciones, adaptados al estilo de aprendizaje del estudiante (visual, auditivo, kinestésico, etc.). También puede identificar con antelación señales de desmotivación o riesgo de abandono escolar, alertando al profesorado para que intervenga a tiempo.

Casos de uso y herramientas actuales

Entre las herramientas más destacadas que integran IA en procesos educativos personalizados se encuentran:

- **Century Tech:** plataforma británica que utiliza algoritmos de IA para crear itinerarios de aprendizaje únicos y adaptativos y proporciona al profesorado paneles de seguimiento con alertas en tiempo real.
- **Squirrel AI:** en China, esta plataforma analiza el comportamiento de los estudiantes y ajusta los contenidos según más de 10.000 variables. Ha demostrado mejorar significativamente los resultados en matemáticas.
- **Content Technologies Inc.:** crea libros de texto personalizados mediante IA, adaptando el contenido de un tema específico según el nivel y los intereses del estudiante.
- **Chatbots educativos:** como los desarrollados por empresas como Querium o IBM Watson Education, que ofrecen tutorías personalizadas a través de interfaces conversacionales.

Estas tecnologías no sustituyen al docente, sino que lo potencian. El profesorado puede dedicar más tiempo a tareas de valor añadido —como la atención emocional, el diseño pedagógico o la orientación académica— mientras la IA se encarga de tareas repetitivas o análisis de datos.

Ventajas y oportunidades

Los beneficios de aplicar IA a la educación personalizada son numerosos:

1. **Adaptación al ritmo del estudiante**: elimina la presión del tiempo estándar, permitiendo a cada alumno avanzar cuando esté preparado.
2. **Inclusión educativa:** facilita el aprendizaje a alumnos con necesidades especiales, mediante contenidos accesibles y estrategias individualizadas.
3. **Motivación y *engagement:*** al recibir contenidos relevantes, variados y ajustados a sus intereses, los estudiantes se sienten más implicados.
4. **Detección temprana de dificultades:** gracias al análisis de datos, es posible detectar señales de alerta antes de que se traduzcan en fracaso escolar.
5. **Empoderamiento del docente:** los sistemas de IA actúan como asistentes inteligentes, facilitando la toma de decisiones pedagógicas informadas.

Desafíos y consideraciones éticas

A pesar de su potencial, el uso de la IA en educación personalizada plantea importantes retos. Uno de los más relevantes es el de la **privacidad de los datos.** Para funcionar adecuadamente, estos sistemas recopilan enormes cantidades de información sobre el comportamiento del alumno. ¿Quién gestiona esos datos? ¿Con qué finalidad? ¿Pueden ser explotados comercialmente?

También existe el riesgo de una **deshumanización del proceso educativo** si se cae en la tentación de sustituir la interacción humana por tecnología. El aprendizaje no es solo transmisión de contenidos, sino también un proceso emocional y social que requiere presencia humana. Además, la **transparencia algorítmica** es una preocupación creciente: los docentes y alumnos deben entender cómo toman decisiones estos sistemas y poder intervenir en caso de sesgos o errores.

Otro riesgo importante es la **brecha digital.** Si estas tecnologías se integran solo en centros educativos con recursos, pueden aumentar la desigualdad en lugar de reducirla. Para que la educación personalizada basada en IA sea inclusiva, deben garantizarse infraestructuras, conectividad y formación docente en todos los contextos.

Conclusión

La inteligencia artificial ofrece una oportunidad única para avanzar hacia una educación verdaderamente personalizada, adaptada a las necesidades de cada estudiante. Gracias a su capacidad para analizar datos, detectar patrones y ofrecer respuestas en tiempo real, la IA puede revolucionar la forma en que enseñamos y aprendemos. Sin embargo, su implementación debe ser cuidadosa, ética y centrada en las personas. No se trata de reemplazar al docente, sino de potenciar su labor. No se trata de imponer un modelo tecnológico, sino de aprovecharlo para alcanzar una educación más justa, eficiente y humana. El futuro de la educación no está solo en las máquinas, sino en la alianza entre inteligencia artificial y sensibilidad pedagógica.

Aplicación práctica 2. Creación de material educativo dinámico, mejorando la forma de presentar información y fomentando el aprendizaje interactivo

A continuación vamos a diseñar un diálogo interactivo que simule una clase en línea sobre un tema elegido, incluyendo preguntas y respuestas simuladas que podrían surgir durante la clase.

El resultado obtenido mediante el uso de ChatGPT puede ser el siguiente:

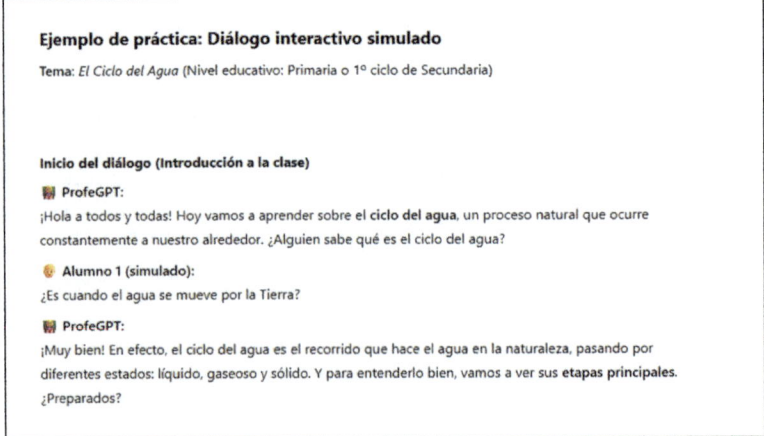

Ejemplo de práctica: Diálogo interactivo simulado

Tema: *El Ciclo del Agua* (Nivel educativo: Primaria o 1º ciclo de Secundaria)

Inicio del diálogo (Introducción a la clase)

🧑‍🏫 **ProfeGPT:**

¡Hola a todos y todas! Hoy vamos a aprender sobre el **ciclo del agua**, un proceso natural que ocurre constantemente a nuestro alrededor. ¿Alguien sabe qué es el ciclo del agua?

🧑 **Alumno 1 (simulado):**

¿Es cuando el agua se mueve por la Tierra?

🧑‍🏫 **ProfeGPT:**

¡Muy bien! En efecto, el ciclo del agua es el recorrido que hace el agua en la naturaleza, pasando por diferentes estados: líquido, gaseoso y sólido. Y para entenderlo bien, vamos a ver sus **etapas principales**. ¿Preparados?

Aplicación práctica 3. Desarrollo de la habilidad de aplicar ChatGPT en el servicio de atención al cliente, agilizando y mejorando la experiencia del usuario

Ahora vamos a escoger una plataforma o herramienta tecnológica y vamos a desarrollar una serie de preguntas y respuestas frecuentes que un usuario novato podría tener. A continuación se implementarán estas respuestas usando ChatGPT para simular un chatbot de atención al cliente.

Con el uso de ChatGPT, el resultado puede ser el siguiente:

Ejemplo de la práctica: Soporte técnico automatizado con ChatGPT

Plataforma seleccionada: *Google Drive*

Contexto: Muchos usuarios novatos tienen dudas comunes sobre el uso básico de Google Drive. A continuación, se presenta una serie de preguntas frecuentes y respuestas redactadas para que ChatGPT pueda actuar como un **chatbot de atención al cliente.**

🔴 Base de Conocimiento para Google Drive (FAQ)

Pregunta 1: *¿Qué es Google Drive y para qué sirve?*
Respuesta:
Google Drive es un servicio gratuito de almacenamiento en la nube que permite guardar, acceder y compartir archivos desde cualquier dispositivo con conexión a internet. Puedes subir documentos, fotos, vídeos y más, y trabajar con ellos de forma colaborativa.

Pregunta 2: *¿Cómo subo un archivo a Google Drive?*
Respuesta:
Puedes subir archivos de la siguiente manera:

1. Abre drive.google.com.
2. Haz clic en el botón **"Nuevo"** (esquina superior izquierda).
3. Selecciona **"Subir archivo"**.
4. Elige el archivo desde tu ordenador.
   ¡Listo! Verás el archivo aparecer en tu unidad.

Pregunta 3: *¿Cómo comparto un archivo con otra persona?*
Respuesta:
Haz clic derecho sobre el archivo que quieras compartir y selecciona "Compartir". Luego escribe el correo electrónico de la persona con quien quieres compartirlo y elige si puede **ver**, **comentar** o **editar**. Haz clic en "Enviar".

Pregunta 4: *¿Puedo trabajar en un documento al mismo tiempo que otra persona?*
Respuesta:
Sí. Google Drive permite la edición colaborativa en tiempo real. Si compartes un documento con permisos de edición, ambos podréis escribir, ver los cambios y comentar al mismo tiempo.

Pregunta 5: *¿Qué ocurre si borro un archivo por accidente?*
Respuesta:
Los archivos eliminados van a la papelera. Para recuperarlos:

1. Haz clic en **"Papelera"** en el menú lateral.
2. Encuentra el archivo y haz clic derecho.
3. Selecciona **"Restaurar"**.
   Tienes hasta 30 días para hacerlo antes de que se elimine definitivamente.

Continúa en página siguiente >>

<< Viene de página anterior

Pregunta 6: *¿Cómo libero espacio en mi cuenta de Google Drive?*

Respuesta:

Puedes borrar archivos grandes que ya no necesites, vaciar la papelera, y eliminar elementos compartidos. También puedes revisar tu uso de espacio desde drive.google.com/settings/storage y adquirir más almacenamiento si lo deseas.

Pregunta 7: *¿Google Drive funciona sin conexión?*

Respuesta:

Sí, pero primero debes activarlo. Desde Google Drive, ve a "Configuración" > "Sin conexión" y marca la casilla para habilitar el modo sin conexión. Solo funcionará en el navegador Chrome y con documentos previamente sincronizados.

Pregunta 8: *¿Qué diferencias hay entre "Mi unidad" y "Unidad compartida"?*

Respuesta:

- **Mi unidad** es tu espacio personal en la nube.
- **Unidad compartida** es un espacio común para grupos o equipos, donde los archivos pertenecen al grupo, no a una persona individual. Muy útil para proyectos colaborativos o entornos de trabajo.

3.2. Proyectos finales aplicados con ChatGPT

Una tarea interesante y retadora es utilizar ChatGPT para desarrollar proyectos más complejos que requieran planificación, ejecución y análisis.

A continuación, se proponen algunas ideas de proyectos para sumergirse en su aplicación:

Proyecto 1. Desarrollo de un asistente virtual temático
- Descripción: crear un asistente virtual especializado en un tema o sector específico, como la salud, las finanzas o la educación.
- Tarea: diseña y programa un flujo de conversación utilizando ChatGPT que pueda responder a las preguntas más frecuentes en tu área seleccionada. Debes también prever los límites de la herramienta y cómo redirigir a consultas más complejas al equipo adecuado.
- Objetivo: este proyecto permite al lector integrarse al desarrollo de *software* conversacional, mejorando al mismo tiempo habilidades en programación contextual y manejos de datasets especializados.

Continúa en página siguiente >>

<< Viene de página anterior

Proyecto 2. Guía turística inteligente
- Descripción: implementar ChatGPT como un asistente de guía turística que proporcione sugerencias e información en tiempo real sobre diferentes destinos.
- Tarea: selecciona una ciudad con múltiples atracciones turísticas. Configura una experiencia donde el usuario pueda recibir información detallada y personalizada sobre puntos de interés, recomendaciones de restaurantes, eventos locales, etc.
- Objetivo: este proyecto capacita al lector para adaptar un modelo generativo a contextos del mundo real que requieren interacción continua y adaptativa.

Proyecto 3. Generador de contenido creativo multimodal
- Descripción: crear un generador de contenido creativo que utiliza entradas de texto, imagen o audio para producir contenidos enriquecidos.
- Tarea: mejora un modelo que permite al usuario ingresar una descripción textual de una escena y utiliza ChatGPT para generar partes de una narrativa compleja, complementándola con elementos visuales o sonoros generados por otras tecnologías.
- Objetivo: desarrollar un sentido inclusivo en el enfoque de la IA para contenido creativo que incorpore múltiples capas de información sensorial.

3.3. Reflexiones y mejora continua

A través de la práctica y estos proyectos finales, es crucial reflexionar sobre los resultados y la experiencia de aprendizaje para identificar áreas de mejora continua.

A continuación, se sugieren algunas pautas para avanzar a medida que los lectores se adentran en la implementación práctica de ChatGPT:

Autocrítica reflexiva
- Al concluir cada práctica o proyecto, es importante revisar el output para evaluar su coherencia, relevancia y sus mejoras potenciales. Pregúntate: "¿Qué parte del resultado del modelo me ha sorprendido?, ¿Dónde podría mejorar la interacción?, ¿Qué información podría añadirse para lograr un *output* más robusto?".

Continúa en página siguiente >>

[219]

<< Viene de página anterior

| **Retroalimentación colaborativa** | - Comparte tus proyectos y prácticas con colegas o en comunidades de aprendizaje para obtener retroalimentación valiosa y variada. Otros usuarios pueden proporcionar perspectivas críticas que no hayas considerado. |
| **Exploración continua** | - Mantén una mentalidad de aprendizaje activo. Explora nuevos modelos, funcionalidades y aplicaciones de ChatGPT a medida que la tecnología avanza. La comunidad tecnológica está en constante cambio y mantenerse al día es crucial para aprovechar al máximo estas inversiones. |

NOTA

El desarrollo de prácticas y proyectos finales capacita a los usuarios no solo para manejar las funcionalidades de ChatGPT, sino también para comprender sus potencialidades y limitaciones en escenarios cotidianos y especializados. Mediante el perfeccionamiento técnico y la implementación creativa, los usuarios aprenderán a integrar herramientas de inteligencia artificial en su vida personal y profesional, potenciando así su capacidad de innovar y resolver problemas de manera efectiva en el futuro.

3.4. Proyectos prácticos propuestos

En el fascinante mundo del entorno digital, las herramientas basadas en inteligencia artificial, como ChatGPT, están transformando la forma en que interactuamos con la tecnología.

Este apartado se centra en la implementación práctica de estos conocimientos a través de proyectos orientados a problemas concretos del mundo real.

A continuación, se proponen una serie de proyectos prácticos que aprovecharán al máximo las capacidades de ChatGPT, fomentando un entendimiento más profundo y una aplicación eficaz.

Asistente virtual para atención al cliente

El primer proyecto propuesto busca desarrollar un asistente virtual competente para mejorar el servicio de atención al cliente en empresas. Este asistente, basado en ChatGPT, no solo será capaz de responder consultas frecuentes, sino que también podrá entender el contexto de las situaciones y ofrecer soluciones personalizadas. Lo fundamental aquí es entrenar el modelo con datos específicos de la empresa, incluidas FAQ y ejemplos históricos de interacciones reales con clientes.

Para empezar, se plantea la recopilación de datos relevantes que representen consultas comunes. Estos datos deben ser estructurados y etiquetados para facilitar el entrenamiento del modelo de IA. Posteriormente, se procede a implementar la arquitectura del modelo, donde el asistente es probado y optimizado para mejorar la precisión de sus respuestas. En la etapa final, se implementa el asistente en el sitio web de la empresa, en su aplicación móvil o en un canal de mensajería empresarial.

 **EJEMPLO**

Amazon Alexa

- Uso: control del hogar inteligente, compras por voz, *skills* personalizadas, alarmas, música, etc.
- Activación: "Alexa".
- Integrado en dispositivos Echo.
- Página oficial: <https://www.amazon.es/alexa>

Apple Siri

- Uso: control por voz de *iPhone, iPad, Mac,* tareas básicas, búsqueda web, llamadas, mensajes, etc.
- Activación: "Oye Siri".
- Solo disponible en dispositivos *Apple.*
- Mas sobre Siri: <https://www.apple.com/siri/>

Generador de contenidos automatizado

El segundo proyecto se centra en la creación de contenidos de manera automatizada utilizando ChatGPT. Este generador de contenido asegurará que las empresas puedan producir artículos, entradas de blogs, descripciones de productos y otros tipos de textos de forma eficiente y coherente. La clave para el éxito de este proyecto radica en especificar claramente el tono y estilo que la empresa desea proyectar.

En primer lugar, el equipo identificará la diversidad de contenido que la empresa necesita. Tras esta identificación, se establecerán plantillas y patrones lingüísticos que el modelo deberá seguir para que las publicaciones mantengan una coherencia editorial. Además, se desarrollarán filtros y procesos de revisión para garantizar que el contenido generado sea relevante, sin errores y se alinee con los objetivos de la empresa.

 **EJEMPLO**

Puedes encontrar generadores de contenido automatizado en las siguientes aplicaciones:

- *Jasper AI*
  Ideal para *marketing*, blogs, *e-mails*, redes sociales.

https://redirectoronline.com/comm00320410

- *Writesonic*
  Muy versátil ya que genera desde artículos hasta anuncios publicitarios y *landing pages*.

Continúa en página siguiente >>

<< Viene de página anterior

https://redirectoronline.com/comm00320411

- *Copy.ai*
  Excelente para textos creativos, descripciones de producto y mensajes publicitarios.

https://redirectoronline.com/comm00320412

- *Notion AI*
  Integrado en *Notion;* ideal para notas, resúmenes y redacción automática dentro de un entorno de trabajo.

https://redirectoronline.com/comm00320413

Sistema de tutoría educativa personalizada

Este proyecto aborda la aplicación de la IA en el sector educativo mediante la creación de un sistema de tutoría personalizada para estudiantes. ChatGPT se utilizará para proporcionar explicaciones, responder preguntas y ofrecer ejercicios interactivos según las necesidades individuales del estudiante, lo que lleva a un aprendizaje más centrado y efectivo.

Para desarrollar esta aplicación, primero se requiere la identificación de materias de enfoque, seguida de la recopilación de material didáctico que abarque los conceptos más relevantes. El siguiente paso es entrenar al modelo con estos materiales, con especial atención a la claridad y riqueza de las explicaciones requeridas. Después, se implementarán métodos de interacción que permitan a los estudiantes comunicarse de manera natural con el sistema, como formular preguntas o recibir desafíos específicos relacionados con sus áreas de dificultad.

 **EJEMPLO**

***Khanmigo*, el tutor de IA de Khan Academy**

Khanmigo es un asistente educativo basado en IA (desarrollado con tecnología de OpenAI) que ofrece ayuda personalizada a estudiantes y docentes dentro de la plataforma Khan Academy.

¿Qué hace *Khanmigo?*

- Adapta el contenido según el nivel del estudiante.
- Sugiere explicaciones paso a paso cuando un estudiante comete errores.
- Responde dudas en lenguaje natural (como si fuese un tutor humano).
- Guía al estudiante sin dar respuestas directamente, fomentando el razonamiento propio.
- Recomienda recursos según el progreso.

Su página oficial es: <https://www.khanmigo.ai/> y requiere cuenta y acceso desde el entorno de pruebas de IA de Khan Academy.

Análisis de sentimientos de redes sociales

Otra propuesta práctica consiste en el desarrollo de una herramienta de análisis de sentimientos aplicada a las redes sociales. Este tipo de herramienta puede ser invaluable para empresas que quieren entender cómo sus audiencias perciben sus productos, servicios o marcas a lo largo del tiempo.

El proyecto inicia con la recolección de menciones de la marca en diversas plataformas de redes sociales. Una vez recopilados los datos, el sistema basado en ChatGPT analiza los textos extrayendo contextos y sentimientos, permitiendo identificar tendencias o preocupaciones de los usuarios. La implementación de un análisis de este tipo ayudará a las empresas a ajustar sus estrategias de mercado y mejorar la satisfacción del cliente.

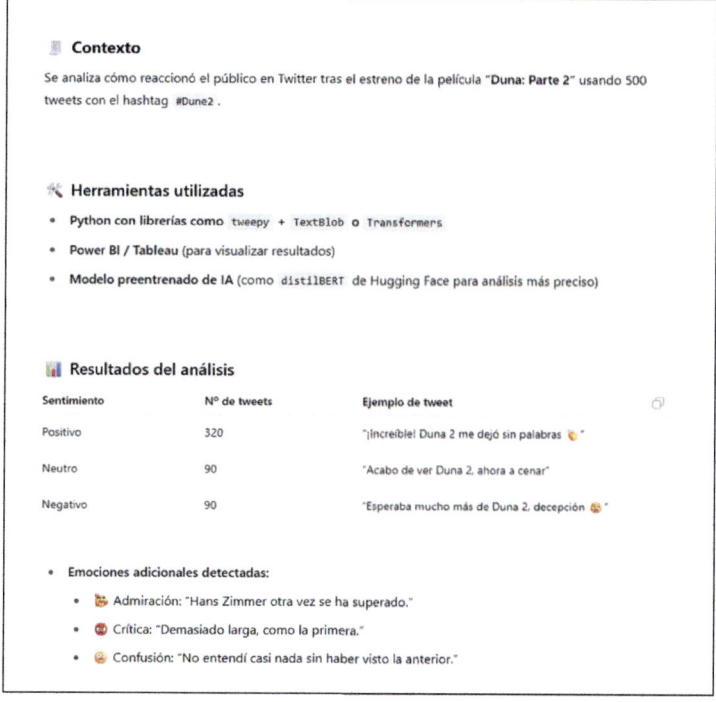

Ejemplo para la recolección de sentimientos

Sistema de soporte técnico automatizado

En muchos entornos empresariales, el soporte técnico es esencial para asegurar la funcionalidad diaria de herramientas tecnológicas. El proyecto final propuesto es el desarrollo de un sistema de soporte técnico automatizado. Este sistema debe tener la capacidad de dirigir solicitudes de ayuda mediante un enfoque de resolución de problemas.

El enfoque comienza con la identificación de solicitudes de soporte comunes, agrupando y clasificando estas según la complejidad del problema. ChatGPT se entrenará para comprender y resolver problemas básicos, así como para escalar problemas más complicados a un agente humano apropiadamente. Se establecerá un protocolo claro para el traspaso de llamadas, asegurando así que el soporte técnico sigue siendo eficiente y cualitativo.

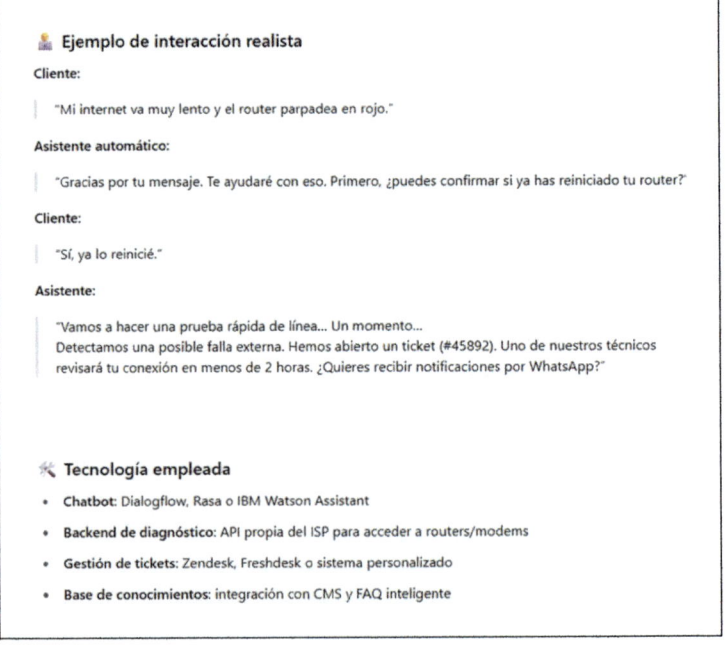

Ejemplo de interacción realista

3.5. Implementación de proyectos

Es fundamental, en todos estos proyectos, implementar procesos de prueba exhaustivos y ajustes continuos basados en retroalimentación real. Después de su implementación, cada una de estas soluciones prácticas debe someterse a evaluaciones rigurosas para medir su efectividad, precisión y capacidad de adaptación, con el fin de optimizar y hacer mejoras constantes.

Al considerar estos proyectos, es importante destacar que la colaboración interdisciplinaria es clave para el éxito de las aplicaciones prácticas de inteligencia artificial. Especialistas en tecnología, comunicación, diseño de experiencias de usuario y otros campos deben trabajar juntos para garantizar que las soluciones se implementen de manera efectiva y cumplan con las expectativas.

Los proyectos prácticos propuestos pretenden capitalizar las capacidades de ChatGPT, proporcionando valor tangible a las empresas y organizaciones. El éxito de estos proyectos dependerá de una planificación meticulosa, desarrollo iterativo y un enfoque centrado en el usuario que garantice que las aplicaciones sean verdaderamente útiles y satisfactorias.

 **EJEMPLO**

Caso real: *Duolingo Max* – Aprendizaje de idiomas con ChatGPT

Organización: *Duolingo,* la conocida aplicación para aprender idiomas, integró ChatGPT-4 en 2023 para crear una nueva experiencia llamada ***Duolingo Max.***

Objetivo del proyecto: mejorar la práctica conversacional y la comprensión de los usuarios utilizando IA generativa, algo que hasta entonces era difícil de escalar con tutores humanos.

Cómo se usó ChatGPT:

1. *Roleplay* interactivo: los usuarios pueden mantener conversaciones realistas en distintos contextos (como pedir en un restaurante o hacer una entrevista de trabajo) y ChatGPT actúa como interlocutor adaptable.
2. Explicaciones personalizadas: tras responder a un ejercicio, los usuarios pueden pulsar un botón para que ChatGPT les explique por qué una respuesta es correcta o incorrecta, con lenguaje adaptado a su nivel.

Resultados y éxito:

• Los usuarios pasaron más tiempo aprendiendo dentro de la *app.*

Continúa en página siguiente >>

<< Viene de página anterior

- Se ofreció una experiencia más inmersiva y personalizada sin necesidad de instructores humanos adicionales.
- La integración fue destacada como un avance clave en la educación asistida por IA.

Valor añadido: demostró cómo ChatGPT puede ser una herramienta no solo de consulta, sino de interacción y enseñanza personalizada en tiempo real, aplicable a múltiples áreas educativas.

3.6. Evaluación de proyectos

Evaluar un proyecto es una fase crítica en cualquier proceso de desarrollo, más aún cuando estamos hablando de proyectos vinculados a innovaciones tecnológicas como el uso de inteligencia artificial y, más específicamente, ChatGPT en el entorno digital. Este capítulo se dedicará a desglosar cómo llevar a cabo una evaluación exhaustiva de tus proyectos que involucren esta poderosa herramienta de IA, ofreciendo un marco que abarca desde la medición de resultados hasta la consideración de impactos éticos y sociales.

La evaluación de proyectos en el contexto de ChatGPT va más allá de medir si los objetivos fueron alcanzados. Requiere un análisis holístico que considere la eficacia del modelo, la pertinencia de su aplicación, las reacciones de los usuarios y los impactos a largo plazo. Este enfoque integral permite no solo mejorar iteraciones del proyecto, sino también asegurar que la tecnología se use de manera responsable y ética.

Las etapas durante un proceso de evaluación del proyecto son:

⮂ **Criterios de evaluación:**

      ◉ **Eficiencia del desempeño.** Uno de los aspectos fundamentales es determinar cómo ChatGPT opera respecto a la tarea para la cual fue implementado. La eficiencia del desempeño involucra evaluar la capacidad del modelo para manejar las tareas específicas con precisión y rapidez. Dentro de esta etapa se distinguen las siguientes evaluaciones:

⇕ **Medición del rendimiento:** examinar métricas como la tasa de respuesta correcta, el tiempo de respuesta y la robustez frente a solicitudes complejas o inesperadas.

⇕ **Escalabilidad:** analizar cómo se comporta el sistema cuando se incrementa el volumen de consultas o se enfrenta a demandas mayores.

◑ **Satisfacción del usuario.** La aceptación y satisfacción del usuario son cruciales para el éxito del proyecto. Es necesario medir cómo los usuarios perciben la interacción con ChatGPT. Para ello se pueden emplear los siguientes instrumentos de valoración:

⇕ **Encuestas y retroalimentación:** implementar encuestas que recojan la experiencia del usuario sobre la usabilidad y eficiencia del sistema.

⇕ **Análisis de sentimiento:** utilizar técnicas de análisis de sentimiento para interpretar comentarios y sugerencias más profundas de los usuarios.

◑ **Impacto social y ético.** Evaluar el impacto social y ético de implementar ChatGPT es esencial para prever consecuencias no intencionadas y manejar la tecnología responsablemente. Se podría valorar de la siguiente manera:

⇕ **Evaluación de sesgos:** determinar si el modelo perpetúa sesgos o desigualdades y tomar medidas correctivas si es necesario.

⇕ **Privacidad y seguridad:** considerar cómo se manejan los datos del usuario y asegurar que se protejan sus derechos de privacidad.

➲ **Metodología de evaluación.** Se pueden distinguir dos métodos:

◑ **Métodos cuantitativos:** los métodos cuantitativos ofrecen una visión estructurada y objetiva del desempeño del proyecto mediante métricas y datos numéricos. Los instrumentos que emplear pueden ser:

⇕ **Análisis estadístico:** aplicar técnicas estadísticas para evaluar patrones de uso y distribución de resultados.

⇕ **Indicadores de éxito claves (KPI):** definir y seguir KPI específicos para medir el cumplimiento de objetivos del proyecto.

◑ **Métodos cualitativos:** la evaluación cualitativa proporciona un contexto rico y detallado sobre las vivencias de usuarios y el impacto del proyecto. Se pueden emplear los siguientes instrumentos para dicha evaluación:

⇕ **Estudios de caso:** desarrollar estudios de caso para obtener una vista detallada de cómo ChatGPT afecta distintos grupos de usuarios.

⇕ **Entrevistas y grupos focales:** realizar entrevistas en profundidad y grupos focales para recoger testimonios directos de los impactos percibidos por los usuarios.

➲ **Herramientas de evaluación.** A lo largo de los proyectos es esencial utilizar diversas herramientas que faciliten la recopilación de datos y la ejecución del proceso de evaluación. Se pueden emplear las siguientes herramientas:

◗ **Análisis de datos avanzados:** utilizar herramientas de análisis de datos para extraer, limpiar y analizar datos resultantes de interacciones con ChatGPT.

◗ **Plataformas de gestión de proyectos:** emplear plataformas que asistan en la organización y seguimiento del ciclo de vida del proyecto, asegurando que todas las fases de evaluación se llevan a cabo.

➲ **Procesos de retroalimentación y mejora continua.** Tras la evaluación, es vital transformar los datos obtenidos en acciones concretas para mejorar futuras interacciones de ChatGPT. Para ello, será necesario considerar:

◗ **Iteración y ajustes:** basándose en las evaluaciones, ajustar la programación y objetivos del modelo para aumentar su efectividad y adaptación a las necesidades de los usuarios.

◗ **Planificación colaborativa:** involucrar a usuarios y *stakeholders* en la cocreación de la siguiente versión del proyecto, incorporando sus recomendaciones y observaciones.

➲ **Documentación y reporte de evaluación.** Toda evaluación debe concluir con la documentación detallada de los hallazgos y recomendaciones, lo que proporcionará un registro valioso para futuras referencias. Se podrán llevar a cabo:

◗ **Informes ejecutivos:** redactar informes que resuman los hallazgos clave y los pasos siguientes para la gestión de proyectos.

◗ **Publicaciones académicas:** considerar la publicación de resultados de evaluación en foros académicos o profesionales, contribuyendo al cuerpo de conocimiento sobre el uso de ChatGPT.

➲ **ÉTICA Y CONSIDERACIONES FINALES.** Por último, pero no menos importante, la evaluación debe prestar atención continua a cuestiones de ética y buen uso. La tecnología de IA evoluciona rápidamente y sus implicaciones sociales requieren una vigilancia constante y un enfoque cuidadoso para aprovechar sus beneficios, minimizando potenciales daños. El compromiso con la evaluación rigurosa del proyecto no solo facilita mejoras técnicas, sino que también construye confianza entre los usuarios, crea un marco de responsabilidad y asegura que la introducción de herramientas como ChatGPT conduzca a un progreso positivo y significativo en el entorno digital.

APLICACIÓN PRÁCTICA

Se ha explorado cómo ChatGPT puede ser utilizado en entornos laborales, educativos y personales, así como los recursos adicionales para aprender, las implicaciones éticas del uso de la IA y su potencial transformador en distintos sectores. El uso de ChatGPT en entornos de aprendizaje digitales, ¿qué ventajas clave tiene?

Solución

Tres de las ventajas más destacadas de ChatGPT en entornos de aprendizaje digitales son:

- Explicaciones personalizadas: ChatGPT puede adaptar el lenguaje y la profundidad de las respuestas al nivel de cada usuario, lo que favorece la comprensión individual.
- Fomento de la autonomía: al permitir al estudiante preguntar, explorar y experimentar a su ritmo, se refuerza el aprendizaje activo y autorregulado.
- Acceso flexible: está disponible en cualquier momento y lugar con conexión a internet, lo que facilita el aprendizaje asincrónico y a demanda.

ACTIVIDAD COMPLEMENTARIA

4. Álex ha aprendido a usar ChatGPT para redactar textos, responder preguntas complejas y crear contenido educativo. Sin embargo, ahora quiere dar un paso más allá: descubrir cómo otras personas en internet están aprovechando al máximo esta herramienta. Para ello, necesita explorar diferentes

Continúa en página siguiente >>

<< Viene de página anterior

recursos de aprendizaje disponibles: desde canales de YouTube y blogs, hasta extensiones del navegador y foros de usuarios.

Investiga y reflexiona sobre cómo estos recursos pueden ampliar tu conocimiento, autonomía y creatividad con ChatGPT y responde de forma justificada a las siguientes preguntas:

- ¿Qué tipo de recursos adicionales consideras más útiles para mejorar tu uso de ChatGPT: tutoriales, comunidades en línea, extensiones del navegador u otros? Ilustra la justificación con ejemplos.
- Investiga una extensión o herramienta de terceros que se integre con ChatGPT y describe cómo podría ayudarte en tu contexto profesional o educativo.
- Elige una comunidad *online* (foro, *Discord*, *Reddit,* etc.) relacionada con ChatGPT. ¿Qué tipo de contenidos se comparten allí? ¿Crees que te sería útil participar activamente en ella? Explica por qué.
- ¿Cómo crees que el uso constante de estos recursos puede influir en tu autonomía digital y tu capacidad para resolver problemas con ChatGPT en el futuro?

4. Futuro de ChatGPT

☞ HILO CONDUCTOR

Álex no solo ha aprendido a utilizar ChatGPT como una herramienta práctica, sino que ha desarrollado una mirada crítica y estratégica sobre su impacto. Ya no lo ve como una simple ayuda para redactar o resolver tareas, sino como una tecnología que seguirá evolucionando y transformando profundamente la forma en que trabajamos, aprendemos y nos comunicamos. Comprende que el futuro de ChatGPT y de la inteligencia artificial no está escrito y que su actitud, sus decisiones y su capacidad de adaptación serán fundamentales para aprovechar todo su potencial sin perder de vista lo humano.

El futuro de ChatGPT, un modelo de lenguaje basado en inteligencia artificial desarrollado por OpenAI, se perfila como una de las áreas más emocionantes e innovadoras dentro de la tecnología y el desarrollo digital. A medida que la sociedad continúa su avance hacia un mundo cada vez más digital e interconectado, las herramientas de comunicación y procesamiento de datos, como ChatGPT, juegan un rol decisivo en la transformación del entorno tanto personal como profesional.

A continuación, se analizan las perspectivas futuras de ChatGPT, comenzando por los avances tecnológicos. Se señalan los siguientes:

- **Mejora en el procesamiento del lenguaje natural (PLN).** Como parte de su desarrollo continuo, ChatGPT mejorará su capacidad para comprender e interpretar el lenguaje humano de manera más precisa y contextual. Actualmente, uno de los desafíos del PLN es entender los matices culturales, el sarcasmo, el doble sentido y las interacciones complejas, áreas que se prevé puedan mejorarse significativamente con el avance de la inteligencia artificial. Al perfeccionar estas habilidades, ChatGPT podría participar más eficazmente en conversaciones naturales, proporcionando respuestas no solo precisas, sino también emocionalmente inteligentes.
- **Aumento de la personalización.** Se anticipa que ChatGPT podrá personalizar sus interacciones de una manera mucho más integral, adaptándose a los estilos comunicativos, preferencias y necesidades individuales de los usuarios. Esto incluiría no solo la adaptación lingüística, sino también la oferta de consejos o recomendaciones que son más personalmente relevantes. La personalización se articulará alrededor de la capacidad del modelo para incorporar retroalimentación en tiempo real, aprendiendo y actualizando dinámicamente el perfil de usuario.
- **Reducción de sesgos éticos.** Con el progreso inmediato y fluido del aprendizaje automático, es crucial que los modelos eviten sesgos no deseados que puedan originarse de los datos de entrenamiento. El futuro de ChatGPT verá un enfoque en el desarrollo de técnicas para detectar y mitigar dichos sesgos de manera eficaz, asegurando que las interacciones sean justas, inclusivas y estén libres de prejuicios sistémicos.
- **Mejoras en la integración tecnológica.** ChatGPT podrá integrarse más ampliamente en plataformas de software diversas, permitiendo que las empresas y desarrolladores aprovechen sus capacidades dentro de sus propias aplicaciones. Imaginemos un entorno donde ChatGPT se convierte en una parte integral de herramientas CRM, plataformas de servicio al cliente, y hasta en dispositivos del hogar inteligente, ofreciendo interacciones fluidas y contextualmente conscientes.

Por otro lado, para conocer y entender por dónde irá el futuro de ChatGPT es fundamental conocer el impacto que tiene en sectores clave y se debe centrar en los casos de:

Educación
- En el ámbito educativo, ChatGPT tiene el potencial de revolucionar la manera en que se imparte y recibe la enseñanza. La inteligencia artificial puede proporcionar a los estudiantes una asistencia personalizada, adaptando el material de aprendizaje a su ritmo y estilos de aprendizaje particulares. Puede actuar como tutor virtual para apoyar a los educadores, ofreciendo explicaciones adicionales, evaluación y retroalimentación constructiva en diferentes áreas del conocimiento.

Salud y bienestar
- En el sector de salud, el uso de ChatGPT puede transformar la forma en que los profesionales de la salud interactúan con los pacientes, organizando consultas previas y proporcionando accesibilidad inmediata a información médica relevante. Sin embargo, el manejo y el análisis ético y seguro de los datos serán esenciales para garantizar la confidencialidad y privacidad del paciente.

Servicio al cliente
- El servicio al cliente podría experimentar mejoras considerables con la implementación extensiva de ChatGPT. Tendrá la capacidad de manejar consultas complejas con rapidez y eficiencia, liberando a los agentes humanos para que se concentren en cuestiones más complejas. Las respuestas automatizadas pero amigables mejorarían significativamente la experiencia del usuario.

Contenido creativo y medios de comunicación
- ChatGPT también promete avances significativos en la generación automatizada de contenido, desde guiones y artículos, pasando por ideas creativas hasta contribuir en la creación de música o arte visual. Actuaría como soporte en la creatividad humana, funcionando como una inspiración tangencial para artistas y escritores.

Además, hay que destacar tres enfoques fundamentales en el desarrollo de ChatGPT:

Retos y consideraciones éticas

Con el potencial de ChatGPT también vienen retos importantes y vitales consideraciones éticas. Es esencial abordar cuestiones como el manejo del consentimiento del usuario, protección de la privacidad y la posibilidad de desinformación. Las plataformas que incorporen ChatGPT necesitarán implementar regulaciones claras y directrices de uso responsable. Además, considerar aspectos de *accountability* es fundamental, dado que las decisiones tomadas por sistemas automatizados deben ser rastreables y comprensibles.

Entorno y regulación

La evolución del entorno digital en combinación con un marco regulatorio adecuado será crucial para el avance responsable de la tecnología ChatGPT. La colaboración entre organismos gubernamentales, industrias y grupos de usuarios asegurará que el progreso sea proporcional al bienestar público, potenciando una era de transparencia y cooperación internacional en la creación de tecnologías de inteligencia artificial.

Innovaciones y futuras implementaciones

Se esperan innovaciones significativas en la arquitectura subyacente de ChatGPT. La intersección de la inteligencia artificial con tecnologías emergentes como la computación cuántica podría mejorar aún más la capacidad de procesamiento y la eficiencia del modelo. Estas innovaciones podrían permitir aplicaciones que anteriormente ni siquiera se habían considerado posibles.

El futuro de ChatGPT es prometedor, con un espectro de posibilidades potenciales que se extienden a múltiples industrias y aplicaciones prácticas. El progreso en el procesamiento del lenguaje, mejoras en la personalización e integraciones tecnológicas transformarán nuestro uso diario de la tecnología.

Sin embargo, su adopción también vendrá acompañada de responsabilidades significativas, asegurando que el poder de la IA se utilice de manera ética y constructiva para beneficiar a la humanidad en su conjunto.

4.1. Tendencias futuras en IA conversacional

El desarrollo de la inteligencia artificial conversacional ha transformado significativamente la forma en que interactuamos con la tecnología. Desde asistentes virtuales que nos ayudan con las tareas diarias hasta chatbots que optimizan la atención al cliente, las aplicaciones de la IA conversacional son vastas y continúan expandiéndose.

Algunas de las **tendencias** que perfilan el futuro de esta tecnología y su influencia en diferentes sectores son:

- **Evolución hacia la personalización extrema.** Una de las direcciones más interesantes hacia las que se mueve la IA conversacional es la personalización extrema. En el futuro, no solo se espera que estos sistemas comprendan el contexto inmediato, sino que anticipen necesidades y comportamientos. Gracias a los avances en el aprendizaje supervisado y no supervisado, es probable que las IA conversacionales puedan ofrecer interacciones altamente personalizadas, adaptándose al tono y preferencias comunicativas de cada usuario. Este nivel de personalización promete mejorar la experiencia del usuario en sectores como el comercio minorista, la atención médica y la educación.
- **Mayor capacidad multimodal.** Otro horizonte hacia el que se dirige la IA conversacional es hacia la integración multimodal. Actualmente, la mayoría de las interacciones con sistemas conversacionales se realizan a través del texto o la voz. Sin embargo, las futuras generaciones de IA podrían ser capaces de procesar y entender múltiples formas de comunicación simultáneamente, como imágenes, vídeo y emoción, ofreciendo respuestas más ricas y contextuales. Este avance podría ser revolucionario en campos como el entretenimiento, la publicidad y la atención médica, permitiendo interacciones más intuitivas y efectivas.
- **Incremento en la transparencia y explicabilidad.** Con el creciente impacto de la IA en la sociedad, surge la necesidad de que estos sistemas sean más transparentes y comprensibles. En el futuro, es probable que las tecnologías de IA conversacional incorporen características de trazabilidad de decisiones, que permitan a los usuarios comprender mejor por qué un asistente virtual formuló ciertas respuestas o tomó determinadas acciones. Este cambio hacia la explicabilidad será crucial para construir confianza en la IA y es especialmente relevante en industrias reguladas como la finanza y la salud.
- **Avances en el entendimiento y la generación del lenguaje natural.** La comprensión y la generación del lenguaje natural han sido aspectos fundamentales de la IA conversacional desde sus inicios. Las futuras tendencias apuntan a modelos que no solo entienden mejor las sutilezas del lenguaje humano, sino que también son capaces de generar texto

con una creatividad y coherencia que rivalizan con la de los escritores humanos. Esto abrirá nuevas posibilidades en la generación automática de contenido y la creación de experiencias de conversación más naturales y fluidas en plataformas de aprendizaje en línea, *marketing* de contenido y más.

- **Integración con IoT y ecosistemas conectados.** A medida que el internet de las cosas (IoT) continúa ganando terreno, la integración de IA conversacional con dispositivos conectados será una tendencia clave. Esta sinergia permitirá que los usuarios interactúen con su entorno de manera cada vez más natural, por ejemplo, controlando sus hogares inteligentes y accediendo a información a través de la conversación. Tal interacción no solo mejorará la conveniencia del usuario, sino que podría transformar la manufactura, logística y otros sectores donde el IoT juega un papel crucial.

- **Fortalecimiento de la seguridad y la privacidad.** A medida que los sistemas de IA conversacional se incorporan cada vez más en nuestra vida diaria, también aumenta la importancia de proteger los datos y la privacidad del usuario. En el futuro, se espera que las tecnologías conversacionales adopten medidas de seguridad más robustas y avanzadas, incluyendo la encriptación de extremo a extremo y el aprendizaje federado. Estas medidas garantizan que las interacciones sean seguras y que los datos del usuario estén protegidos ante usos indebidos.

- **IA emocionalmente inteligente.** El desarrollo de la inteligencia emocional en la IA conversacional también es un destino hacia el cual nos encaminamos. Las futuras generaciones de IA podrán reconocer y responder no solo al contenido del lenguaje, sino a las emociones subyacentes expresadas por los usuarios. Esto permitirá que los sistemas adapten el tono y enfoque de las interacciones, resultando en experiencias más satisfactorias y empáticas, particularmente útiles en sectores como la salud mental y el servicio al cliente.

- **Descentralización de la IA conversacional.** Con el crecimiento de tecnologías de cadena de bloques y otros enfoques descentralizados, existe una tendencia hacia la descentralización de la IA conversacional. Esto podría permitir que las interacciones y el procesamiento de datos ocurran directamente en los dispositivos de los usuarios, sin depender de servidores centralizados. Tal enfoque no solo podría mejorar la privacidad y seguridad de los datos, sino también optimizar la velocidad y eficiencia de las respuestas, especialmente en áreas con conectividad limitada.

- **Expansión del aprendizaje automático y profundo.** La evolución de las capacidades de aprendizaje automático y aprendizaje profundo seguirá siendo un motor vital para la mejora de la IA conversacional. Nuevas arquitecturas de redes neuronales, como las transformadoras, continuarán mejorando, permitiendo que las IA comprendan y generen lenguaje con mayor precisión. Estas mejoras en los algoritmos estarán respaldadas por un crecimiento exponencial en la cantidad y calidad de los datos disponibles para el entrenamiento, impulsando la eficacia de estas tecnologías.

⮕ **Interfaces de usuarios conversacionales en nuevas dimensiones.** A medida que las tecnologías de realidad aumentada (AR) y realidad virtual (VR) se vuelvan más comunes, es probable que veamos un aumento en la implementación de interfaces de usuario conversacionales en estos entornos. La capacidad de interactuar con contenido digital en un espacio tridimensional, ya sea a través de mundos virtuales o proyecciones de realidad aumentada, ofrecerá nuevas formas de comunicación e interacción para los usuarios, transformando sectores como el entretenimiento, la educación y la asistencia médica.

⮕ **Impacto normativo y ético.** Con el progreso de la IA conversacional también llegan desafíos regulatorios y éticos. Se prevé que existan discusiones continuas sobre cómo manejar el sesgo algorítmico y asegurar el uso ético de la IA conversacional en diferentes contextos. Lo importante aquí será el establecimiento de marcos normativos que garanticen que estas tecnologías se desarrollen y empleen de manera que beneficien a la sociedad en su conjunto, asegurando equidad, responsabilidad y equidad en el uso de la IA.

Las tendencias futuras en inteligencia artificial conversacional ofrecen promisorias innovaciones que podrían mejorar drásticamente la manera en que interactuamos con la tecnología.

Desde la mejora de la personalización y la transparencia hasta la integración con IoT y la aceptación de la inteligencia emocional, estos avances prometen hacer que las máquinas no solo sean más útiles, sino también más comprensivas y efectivas en la transmisión del quehacer humano. A medida que estas tecnologías continúan su evolución, es esencial que acompañemos estos desarrollos con un diálogo constante sobre seguridad, ética y equidad para garantizar un futuro en el que todos podamos beneficiarnos equitativamente de su potencial transformador.

4.2. Perspectivas de desarrollo y mejora

La rápida evolución de la inteligencia artificial conversacional, liderada por herramientas como ChatGPT, ha abierto horizontes insospechados y promete redefinir el futuro del entorno digital. En la presente era, donde la información se transforma en tiempo real, es fundamental explorar y entender las perspectivas de desarrollo y mejora que pueden maximizar el potencial de esta tecnología.

Las posibles direcciones que tomará el desarrollo de la inteligencia artificial son:

- **Innovación continua en procesamiento del lenguaje natural.** El procesamiento del lenguaje natural (PLN) es el componente central de los sistemas conversacionales de inteligencia artificial. La innovación en PLN está dirigida no solo hacia la mejora de la precisión semántica y contextual, sino también hacia la ampliación del ámbito de comprensión que las máquinas pueden ofrecer. Los sistemas actuales tienden a procesar el lenguaje humano con un enfoque alrededor del contexto inmediato, sin un profundo entendimiento de experiencias humanas más complejas. Las futuras versiones de ChatGPT y otras IA conversacionales buscarán asemejarse más al entendimiento humano incorporando elementos de conocimiento de fondo, sentimientos y experiencias, emulando de esta manera una comunicación más matizada y completa. Esto incluye la capacidad de seguir pensamientos a través de largas conversaciones y la interpretación de metáforas o sarcasmos, algo que sigue siendo un reto hoy en día.
- **Entendimiento afectivo y emocional.** El entendimiento afectivo y emocional representa un área crítica para el avance de la IA conversacional. Los especialistas están desarrollando algoritmos que permiten a los sistemas no solo reconocer emociones, sino también reaccionar de manera empática y adaptada a las necesidades del usuario. Imagina una IA que pueda interpretar el tono emocional a partir del texto o incluso mediante reconocimiento de voz. La posibilidad de que ChatGPT se convierta en un interlocutor capaz de ofrecer soporte emocional podría cambiar paradigmas en el campo de la asistencia psicológica o la atención al cliente, permitiendo un acercamiento más humano. Sin embargo, esta misma capacidad trae consigo desafíos éticos y de privacidad, ya que las máquinas tendrían mayor acceso a las emociones individuales.
- **Integración con otras tecnologías emergentes.** Para maximizar su potencial, las aplicaciones de ChatGPT y otras herramientas IA necesitan integración con tecnologías emergentes como el internet de las cosas (IoT), *blockchain* y realidad aumentada. Por ejemplo, el IoT puede suministrar una cantidad enorme de datos relevantes y en tiempo real que una IA conversacional podría aprovechar para ofrecer respuestas más precisas y completas. Un escenario podría ser el de un hogar inteligente donde ChatGPT, integrado con dispositivos IoT, actúa como un asistente diario capaz de manejar desde el control de electrodomésticos hasta la organización de tareas y recordatorios personalizados basados en las preferencias del usuario.

⮑ **Desarrollo de capacidades de autogestión y autoptimización.** Uno de los horizontes más prometedores es el desarrollo de capacidades de autogestión y autoptimización en los modelos de IA. Hasta ahora, los algoritmos de inteligencia artificial son altamente dependientes del entrenamiento supervisado, requiriendo intervención humana para el ajuste de sus modelos y predicciones. El desarrollo de un sistema capaz de aprender y mejorar de manera autónoma, mediante enfoques como el aprendizaje por refuerzo o el aprendizaje autosupervisado, significa que la IA podría, en teoría, evolucionar sin necesidad de datos etiquetados. Esto aumentaría su adaptabilidad a nuevas tareas y contextos sin intervención humana constante.

⮑ **Accesibilidad y democratización del acceso a tecnología.** El desarrollo de la IA conversacional debe también mirar hacia la democratización de la tecnología. El acceso a herramientas como ChatGPT no solo debe ser global, sino también comprensible y manejable para personas sin conocimiento técnico. Esto podría implicar interfaces más intuitivas, guías interactivas y encontrar el equilibrio justo entre complejidad funcional y simplicidad de uso. Además, la reducción de costos asociados a los sistemas de IA facilitaría el acceso universal, permitiendo a pequeñas empresas, organizaciones no gubernamentales o instituciones educativas aprovechar las mismas herramientas que hoy en día suelen ser dominio de entidades grandes que poseen recursos significativos.

⮑ **Aumento de la personalización y adaptación al usuario.** Un área clave de mejora es la capacidad de personalización aún más precisa. Herramientas como ChatGPT pueden llegar a ofrecer experiencias ultrapersonalizadas donde el sistema entiende y anticipa de manera proactiva las necesidades y deseos del usuario, adaptándose al contexto personal y cultural. La personalización intensiva puede transformar sectores como la educación, donde un sistema ajustable a las capacidades y estilo de aprendizaje único de cada estudiante podría ofrecer un soporte educativo sin precedentes.

⮑ **Fomento de la ética y equidad en inteligencia artificial.** A medida que los sistemas de IA ganan protagonismo, la ética en su desarrollo y aplicación se convierte en una consideración principal. Sería indispensable el diseño de IA que respete y promueva la equidad en todos los niveles, eliminando sesgos y asegurando la transparencia en la toma de decisiones. La colaboración internacional para formular acuerdos en torno a prácticas éticas, estándares de privacidad de datos y manejo responsable de IA formará la base para lograr un uso seguro y beneficioso de estas tecnologías para la sociedad.

⮑ **Intervención regulatoria.** El avance sin freno de la inteligencia artificial podría verse obstaculizado, o más bien orientado, por la intervención regulatoria. Es vital establecer normativas que garanticen la seguridad y privacidad de los usuarios, al tiempo que promuevan la innovación responsable. Las discusiones sobre el futuro marco regulatorio ya están en marcha en muchos países y sucesivamente veremos una estructura más robusta que ofrezca directrices claras para todos los actores en el ámbito de la IA.

⊃ **Plataformas de código abierto y colaboración global.** Finalmente, el papel de las plataformas de código abierto no puede ser subestimado en la fase de mejora y desarrollo. La creación y expansión de modelos de código abierto permiten que expertos y entusiastas a nivel mundial puedan aportar, perfeccionar y adaptar soluciones de inteligencia artificial a varias necesidades. Este enfoque colaborativo puede acelerar significativamente los avances técnicos y adaptarse de manera continua a nuevos retos sociales y tecnológicos.

Mientras avanzamos hacia un futuro donde las inteligencias artificiales como ChatGPT están más integradas en nuestra vida diaria, es fundamental focalizar los esfuerzos de desarrollo en crear sistemas que sean no solo tecnológicamente avanzados, sino también éticamente sólidos y accesibles para todos. Las perspectivas de desarrollo y mejora en la IA conversacional son amplias y ambiciosas, prometiéndonos un paradigma en el que la inteligencia artificial no solo resuelva problemas, sino que empodere a las comunidades y contribuya al bienestar global.

 SABÍAS QUE...

ChatGPT ya se utiliza en procesos judiciales y redacción de leyes.

En algunos países, ChatGPT y otros modelos de lenguaje han empezado a utilizarse como apoyo en tribunales y Administraciones públicas, no para tomar decisiones legales, sino para ayudar en la redacción de documentos legales, interpretar normas complejas o generar borradores de sentencias.

Por ejemplo, en Colombia, un juez utilizó ChatGPT como herramienta de consulta para apoyar su argumentación en un caso sobre derechos de salud, aclarando que no sustituyó el juicio humano, sino que lo complementó.

Este caso refleja cómo la inteligencia artificial está penetrando incluso en los ámbitos más formales y sensibles y plantea preguntas clave sobre su uso responsable, la transparencia y la supervisión humana en la toma de decisiones importantes.

ACTIVIDAD COMPLEMENTARIA

5. Imagina que eres el responsable de innovación digital en una universidad. La institución planea integrar ChatGPT y otros modelos de IA conversacional en sus procesos académicos. Redacta un informe que aborde los siguientes puntos:

- Avances recientes y tendencias emergentes que están moldeando el futuro de ChatGPT y otros modelos conversacionales.
- Relevancia de esos avances para uso educativo y profesional.
- Dos limitaciones actuales de ChatGPT en entornos educativos o laborales, y recomendaciones o soluciones propuestas por expertos para mitigar esos desafíos.

5. Resumen

Los recursos de aprendizaje adicionales permiten el entendimiento más profundo y fomentar una adecuada integración de estas herramientas en diversos ámbitos.

Existen diferentes tipos de recursos de aprendizaje que pueden enriquecer nuestra comprensión de ChatGPT:

- Libros y publicaciones académicas
- Cursos en línea
- Páginas web y blogs especializados
- Tutoriales y vídeos educativos
- Conferencias y seminarios web
- Comunidades en línea y foros
- Simulaciones y entornos de prueba
- Guías prácticas y documentación técnica
- Proyectos colaborativos y *hackathons*
- Desarrollo profesional continuo

Una tarea interesante y retadora es utilizar ChatGPT para desarrollar proyectos más complejos que requieran planificación, ejecución y análisis. Algunas ideas de proyectos para sumergirse en esta aplicación son:

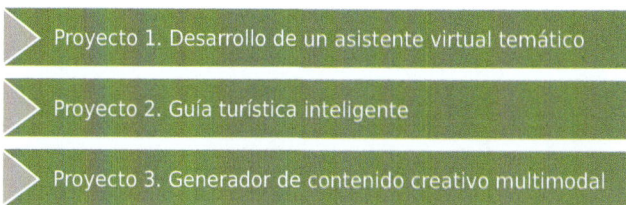

Proyecto 1. Desarrollo de un asistente virtual temático

Proyecto 2. Guía turística inteligente

Proyecto 3. Generador de contenido creativo multimodal

Algunas pautas para avanzar en la implementación práctica de ChatGPT son:

- ➲ Autocrítica reflexiva
- ➲ Retroalimentación colaborativa
- ➲ Exploración continua

Algunos ejemplos de proyectos prácticos que aprovecharán al máximo las capacidades de ChatGPT fomentando un entendimiento más profundo y una aplicación eficaz son:

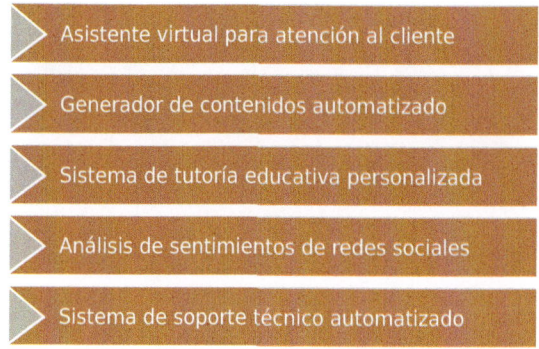

Asistente virtual para atención al cliente

Generador de contenidos automatizado

Sistema de tutoría educativa personalizada

Análisis de sentimientos de redes sociales

Sistema de soporte técnico automatizado

Hay que destacar tres enfoques fundamentales en el desarrollo de ChatGPT:

Retos y consideraciones éticas

Entorno y regulación

Innovaciones y futuras implementaciones

El futuro de ChatGPT es prometedor, con un espectro de posibilidades potenciales que se extienden a múltiples industrias y aplicaciones prácticas. El progreso en el procesamiento del lenguaje, mejoras en la personalización e integraciones tecnológicas transformarán nuestro uso diario de la tecnología.

Ejercicios de autoevaluación
Unidad de Aprendizaje 4

1. ¿Cuál de los siguientes es un ejemplo de recurso adicional para mejorar el uso de ChatGPT?

    a. Solo practicar con el modelo sin referencias externas.
    b. Ignorar actualizaciones del sistema.
    c. Utilizar foros y tutoriales actualizados.
    d. Desinstalar herramientas de terceros.

2. ¿Qué permite una extensión como AIPRM for ChatGPT?

    a. Crear imágenes desde texto.
    b. Programar respuestas automáticas en WhatsApp.
    c. Acceder a *prompts* organizados por categorías para tareas concretas.
    d. Traducir textos simultáneamente.

3. ¿Cuál de las siguientes afirmaciones describe una tendencia futura en la evolución de ChatGPT?

    a. Su uso será restringido únicamente a ingenieros de *software*.
    b. Se volverá incompatible con otros programas.
    c. Será capaz de procesar texto, imágenes y voz en un mismo entorno.
    d. Sustituirá por completo al profesorado en el aula.

4. ¿Qué tipo de comunidad *online* es útil para aprender a usar ChatGPT de forma avanzada?

    a. Plataformas de videojuegos
    b. Canales de criptomonedas
    c. Foros especializados y *subreddits* como r/ChatGPT
    d. Sitios de descargas ilegales

5. Una de las limitaciones de ChatGPT que más preocupa en el ámbito educativo es:

a. Que puede generar respuestas erróneas con seguridad.
b. Que solo funciona con conexión a internet.
c. Que su interfaz es difícil de entender.
d. Que no tiene acceso a bases de datos científicas.

6. ¿Cuál de los siguientes recursos se considera especialmente útil para profundizar en el uso de ChatGPT en contextos profesionales y educativos?

a. Aplicaciones móviles de mensajería instantánea
b. Plataformas de videojuegos en línea
c. Cursos en línea y tutoriales especializados
d. Programas de edición de vídeo

7. Indica si las siguientes frases son verdadera o falsas.

a. ChatGPT aprende directamente de las preguntas que cada usuario individual le hace.

■ Verdadero
■ Falso

b. Las comunidades *online* pueden ayudarte a descubrir usos creativos de ChatGPT que no aparecen en los manuales oficiales.

■ Verdadero
■ Falso

c. Una práctica recomendada es personalizar *prompts* para adaptarlos a tus propios objetivos profesionales o educativos.

■ Verdadero
■ Falso

8. Relaciona los siguientes elementos.

a. Extensiones de navegador
b. Modelos personalizados

c. Procesamiento de imágenes
d. Comunidad *online*

— GPT-4V (modelo multimodal)
— Crear tu propio asistente con funciones
— AIPRM, WebChatGPT
— Foro en *Reddit,* canal en *Discord*

9. ¿Cuál de las siguientes tendencias futuras NO se menciona como una mejora esperada en la inteligencia artificial conversacional?

a. Incremento en la capacidad multimodal para procesar texto, voz, imágenes y video simultáneamente.
b. Reducción de la personalización para garantizar una experiencia uniforme para todos los usuarios.
c. Fortalecimiento de la seguridad y privacidad mediante encriptación y aprendizaje federado.
d. Desarrollo de IA emocionalmente inteligente que reconozca y responda a emociones humanas.

10. ¿Cuál es uno de los desafíos actuales del procesamiento del lenguaje natural (PLN) que futuras versiones de ChatGPT buscan superar?

a. La incapacidad para generar texto coherente y creativo.
b. La dificultad para interpretar matices culturales, sarcasmo y doble sentido.
c. La imposibilidad de integrarse con otras tecnologías emergentes como IoT.
d. La falta de interfaces de usuario en entornos de realidad aumentada y virtual.

Glosario

Aplicación práctica

Uso concreto y funcional de una herramienta en un entorno real. En el caso de ChatGPT, se refiere a su implementación en contextos como educación, *marketing,* administración o atención al cliente.

Aprendizaje automático *(machine learning)*

Técnica de inteligencia artificial que permite a los sistemas aprender y mejorar automáticamente a partir de datos, sin ser programados explícitamente para cada tarea.

Aprendizaje profundo *(deep learning)*

Subcampo del aprendizaje automático que utiliza redes neuronales artificiales con múltiples capas para procesar información de forma jerárquica y detectar patrones complejos.

Automatización

Proceso mediante el cual tareas rutinarias son realizadas por sistemas o programas informáticos, como ChatGPT, con el fin de ahorrar tiempo y recursos humanos.

Bias (sesgo)

Inclinación o parcialidad en los datos con los que se entrena una IA, que puede llevar a decisiones o respuestas injustas o discriminatorias. Detectar y reducir el sesgo es una prioridad ética.

ChatGPT

Modelo de lenguaje desarrollado por OpenAI que utiliza inteligencia artificial para comprender y generar texto en lenguaje natural, capaz de mantener conversaciones, responder preguntas y realizar tareas variadas.

Contenido perjudicial
Información que puede ser ofensiva, falsa o peligrosa (por ejemplo, desinformación, discursos de odio o contenido violento). Uno de los retos principales en la moderación de sistemas de IA como ChatGPT.

Contexto (en IA)
Información previa o situación comunicativa que permite a un modelo de IA como ChatGPT interpretar correctamente una pregunta o solicitud y generar una respuesta coherente y relevante.

Ética de la IA
Conjunto de principios que guían el desarrollo y uso responsable de la inteligencia artificial, como la justicia, la transparencia, la no discriminación, la privacidad y la seguridad.

Generación contextualizada de texto
Capacidad de ChatGPT para producir texto original que se adapta al tema y tono del diálogo, manteniendo la coherencia con lo que se ha dicho anteriormente.

IA débil
Forma de inteligencia artificial especializada en tareas concretas (como ChatGPT). No posee consciencia ni capacidades generales de razonamiento humano.

IA fuerte
Hipotética inteligencia artificial con capacidad de razonamiento general, toma de decisiones autónoma y conciencia propia, aún no alcanzada por la tecnología actual.

Modelo de lenguaje
Algoritmo que ha sido entrenado para procesar, comprender y generar texto en lenguaje humano. ChatGPT es un ejemplo de modelo de lenguaje de gran escala.

Moderación de contenido
Proceso de revisión y filtrado de la información generada por una IA. Puede hacerse automáticamente, por humanos o de forma híbrida. Busca garantizar que las respuestas sean seguras y apropiadas.

Multifuncionalidad
Capacidad de una herramienta como ChatGPT para desempeñar múltiples funciones en distintos contextos, como generar texto, responder dudas, traducir o resumir.

Multimodalidad
Capacidad de un sistema de IA para trabajar no solo con texto, sino también con otros tipos de datos, como imágenes, audio o vídeo. GPT-4o, por ejemplo, es un modelo multimodal.

Precisión
Medida que indica cuántas de las respuestas identificadas como correctas por el sistema realmente lo son. Está relacionada con la calidad y fiabilidad de la IA.

Procesamiento del lenguaje natural (PLN)
Área de la inteligencia artificial que se centra en la interacción entre los ordenadores y el lenguaje humano, permitiendo que sistemas como ChatGPT comprendan y generen texto de forma natural.

Productividad
Capacidad de realizar más tareas en menos tiempo, optimizando recursos. ChatGPT puede aumentar la productividad en contextos laborales, académicos y creativos.

Recall
Medida que indica la capacidad de un sistema para detectar todos los casos relevantes (por ejemplo, todo el contenido inapropiado). Un *recall* bajo puede suponer que pasen desapercibidos contenidos dañinos.

Red neuronal artificial
Sistema computacional inspirado en el cerebro humano, compuesto por nodos conectados que procesan datos y aprenden patrones. Es la base de muchos modelos de IA, incluido ChatGPT.

Responsabilidad del usuario
Compromiso ético y práctico de las personas que interactúan con herramientas de IA, basado en el uso informado, prudente y consciente de sus capacidades y limitaciones.

Sesgo algorítmico
Forma específica de sesgo que se origina en los datos o en los procesos de programación de la IA y que puede conducir a resultados injustos o desiguales.

Soporte multilingüe
Funcionalidad que permite a ChatGPT comunicarse en varios idiomas, lo que facilita su uso global y en entornos multiculturales.

Transformador *(transformer)*

Tipo de arquitectura de red neuronal que permite procesar grandes cantidades de texto de forma eficiente, base del modelo GPT en todas sus versiones.

Transparencia algorítmica

Capacidad de explicar cómo funciona un modelo de IA, con qué datos se entrena y cómo toma decisiones. Es un principio clave para garantizar un uso ético.

Uso ético de la IA

Aplicación responsable de las tecnologías de inteligencia artificial que respeta principios como la privacidad, la equidad, la transparencia y el bienestar humano.

Uso profesional de ChatGPT

Aplicación de la herramienta en entornos de trabajo, como ayuda para redactar, crear contenidos, responder correos o generar ideas. Requiere criterio y supervisión humana.

Bibliografía

Monografías

→ CHOLLET, F.: *Deep Learning with Python*. New York: Manning Publications, 2017.

  Manual que introduce el aprendizaje profundo con un enfoque práctico. Explica conceptos como redes neuronales y arquitecturas como los transformadores, esenciales para entender cómo funciona ChatGPT. Útil para estudiantes intermedios o avanzados.

→ CRAWFORD, K.: *Atlas of AI: Power, Politics, and the Planetary Costs of Artificial Intelligence*. New Haven, Connecticut: Yale University Press, 2021.

  La autora analiza los efectos sociales, laborales y ecológicos de la IA moderna. El libro es clave para contextualizar el uso de tecnologías como ChatGPT más allá de sus aplicaciones inmediatas, considerando su dimensión ética y de justicia global.

→ FLORIDI, L.: *La revolución de la inteligencia artificial*. Madrid: Alianza Editorial, 2019.

  Reflexión filosófica y ética sobre el impacto de la inteligencia artificial en la sociedad. Relevante para la parte de las unidades dedicada a la responsabilidad del usuario, los límites del uso de la IA y la ética en su implementación.

→ GILLESPIE, T.: *Custodians of the Internet: Platforms, Content Moderation, and the Hidden Decisions That Shape Social Media*. New Haven, Connecticut: Yale University Press, 2018.

  Aunque centrado en redes sociales, este libro explica los retos y dilemas de la moderación de contenidos, aplicables también a sistemas de IA como ChatGPT.

→ RUSSELL, S., & NORVIG, P.: *Artificial Intelligence: A Modern Approach* (4.ª ed.). Pearson, 2020.

> Obra clásica en el campo de la inteligencia artificial. Expone los fundamentos teóricos de la IA, incluyendo aprendizaje automático, redes neuronales y ética, todos ellos temas tratados en las unidades. Aporta un marco riguroso y académico.

Textos electrónicos/artículos científicos/documentos institucionales

→ ChatGPT is already changing how the world works. *The Verge,* de: https://www.theverge.com/23981318/chatgpt-open-ai-launch-anniversary-future?utm_source=chatgpt.com>.

> Artículo periodístico que recoge testimonios reales del uso de ChatGPT en diversos campos, desde la educación hasta la atención al cliente.

→ *Data statements for natural language processing: Toward mitigating system bias and enabling better science. Transactions of the Association for Computational Linguistics,* de: <https://direct.mit.edu/tacl/article/doi/10.1162/tacl_a_00041/43452/Data-Statements-for-Natural-Language-Processing>.

> Discute la importancia de la transparencia y responsabilidad en los datos utilizados para entrenar modelos de PLN. Se vincula con el contenido de ambas unidades sobre los límites del modelo y el uso informado del usuario.

→ *Ethics Guidelines for Trustworthy AI*, de: <https://digital-strategy.ec.europa.eu/en/library/ethics-guidelines-trustworthy-ai>.

Documento oficial de la Comisión Europea que establece principios para un uso ético y responsable de la inteligencia artificial. Relevante para el tratamiento del rol del usuario y la ética digital que aparece en ambas unidades.

→ *Fairness and Abstraction in Sociotechnical Systems. Proceedings of the Conference on Fairness, Accountability and Transparency,* de: <https://dl.acm.org/doi/10.1145/3287560.3287598>.

> Explora cómo conceptos como la equidad y la justicia se aplican al desarrollo de algoritmos. Aporta una perspectiva crítica sobre los riesgos de sesgo algorítmico.

→ *Introducing GPT-4,* de: <https://openai.com/es-ES/index/gpt-4-research/>.
> Fuente oficial que presenta el lanzamiento y capacidades del modelo GPT-4. Se explican sus mejoras respecto a versiones anteriores, incluidas sus capacidades multimodales, contexto ampliado y precisión. Es fundamental para comprender el desarrollo y funcionamiento de ChatGPT desde una perspectiva técnica y oficial.

→ *Pre-training of deep bidirectional transformers for language understanding.*
arXiv preprint, de:
<https://arxiv.org/abs/1810.04805>.

> Artículo técnico que describe uno de los modelos precursores en comprensión de lenguaje natural, clave para la evolución hacia GPT. Se puede consultar como material avanzado complementario para entender los avances en PLN.

→ *Recommendation on the Ethics of Artificial Intelligence,* de:
<https://unesdoc.unesco.org/ark:/48223/pf0000381137>

> Norma internacional aprobada por los estados miembros de la UNESCO para orientar el desarrollo ético de la IA. Incluye principios sobre privacidad, sesgos, educación y gobernanza digital, aplicables al análisis del uso de ChatGPT.

→ *The ethics of AI ethics: An evaluation of guidelines. Minds and Machines,* de:
< https://link.springer.com/article/10.1007/s11023-020-09517-8>

> Análisis crítico de diversas guías éticas sobre IA, sus limitaciones y contradicciones.

→ *The unreasonable effectiveness of data. IEEE Intelligent Systems,* de:
<https://ieeexplore.ieee.org/document/4804817>

> Artículo influyente que explica cómo el acceso masivo a datos ha sido clave para el progreso de modelos como los de lenguaje natural. Ayuda a entender por qué ChatGPT puede generar texto contextualizado y coherente.

→ *The global landscape of AI ethics guidelines. Nature Machine Intelligence, de:*
<https://www.nature.com/articles/s42256-019-0088-2>.

> Análisis comparativo de directrices éticas para la inteligencia artificial publicadas por gobiernos, organizaciones y empresas.